AF285842

Bibliografische Information der Deutschen Nationalbibliothek
Die Deutsche Nationalbibliothek verzeichnet diese Publikation in der
Deutschen Nationalbibliografie; detaillierte bibliografische Daten sind im
Internet über http://dnb.d-nb.de abrufbar.

Ratgeberecke Band 9

„Alles aktuell zu Meister-BAföG & Co"

**Finanzierungsarten der Weiterbildung
Formulare, Tipps und Anlaufstellen**

von

Andrea Meiling

2.überarbeitete Auflage © **2009 Spareulen-Verlag**
Autor: Meiling, Andrea
Buchblock u. Korrektur: S. Ehrentraut
Herstellung und Verlag: Books on Demand GmbH,
Norderstedt
ISBN 9783837057614

Vorwort

Nach dem überwältigenden Erfolg unseres Ratgebers „Alles aktuell über BAföG" erreichten mich viele Anfragen zu einem Buch rund um die Weiterbildung. Viele Leser bemängelten, dass es keinen Ratgeber auf dem Markt gibt, der sich umfassend mit den verschiedenen Möglichkeiten der Finanzierung von Weiterbildungen beschäftigt. In der Hauptsache wurden Fragen zu dem so genannten Meister-BAföG und deren Formulare gestellt.

Die Weiterbildung ist immer mehr eine Frage des eigenen Geldbeutels geworden und in einer Zeit ständig wachsender Preise, wird so manche hoffnungsvolle Weiterbildung einfach auf Eis gelegt, weil man sich die zusätzlich entstehenden Kosten nicht mehr leisten kann.

Das war Grund genug für mich, die Weiterbildung und deren Finanzierungsarten näher zu betrachten.

Zentral habe ich besonders das Meister- BAföG (AFBG) von allen Seiten beleuchtet. Dabei werden die benötigten Formulare wie bewährt in der Schritt-für-Schritt- Methode erklärt, es werden die notwendigen Voraussetzungen aufgezeigt und jede Menge Tipps runden alles ab. Die Erhöhung der Förderung ab 2009 wurde aktuell in dieser Auflage eingearbeitet.

Leicht nachvollziehbare Praxisbeispiele erläutern dir anschaulich und einfach schwierige Formulierungen in Gesetzestexten und Formularen.
Relativ unbekannte Finanzierungsmöglichkeiten stelle ich dir ebenfalls vor, wie die dazu gehörigen Anlaufstellen, Informationen, Tipps und Kontaktadressen.

So kannst du aus mehreren Möglichkeiten wie

- **das Aufstiegsstipendium**
- **die Begabtenförderung**
- **dem Bildungsgutschein**
- **dem Arbeitsentgeltzuschuss**
- **der Bildungsprämie**
- **wie der Weiterbildungsförderung für Arbeitnehmer ab 45**

die für dich passende Finanzierung auswählen.

Auch dieses Buch wurde in der Praxis durch mehrere Zielgruppen bundesweit mit 98 %igen Erfolg erprobt und erst danach zum Druck frei gegeben.

Ich wünsche dir gute Unterhaltung beim Lesen dieses Ratgebers und viel Erfolg bei deiner Weiterbildung.

Andrea Meiling   Februar 2009

4

Nach der Ausbildung

97 % der Auszubildenden haben das Pech, dass sie nach der Ausbildung oder dem Studium von den Ausbildungsbetrieben nicht übernommen werden bzw. dass sie sich eine Arbeit suchen müssen.

Leider ist es so, dass es sich schwierig gestaltet, heute eine Firma zu finden, die Berufsanfänger einstellt. Oft bleiben nicht viele Möglichkeiten, um nicht arbeitslos zu werden und diese Aussichten stellen wir dir vor.

<u>Grundsätzlich:</u> Erst einmal solltest du dich **drei Monate vor dem Ende deiner Ausbildung beim Arbeitsamt melden**. Vorsicht ist hier die Mutter der Porzellankiste. Viele gute Aussichten stellten sich später als Luftblasen heraus. So weißt du wenigstens, dass du finanziell erst einmal abgesichert bist und du werden ab dem Tag deiner Anmeldung Stellenangebote zugeschickt.

Wehr- bzw. Zivildienst: Hast du deinen Wehr- oder Zivildienst noch nicht abgeleistet, dann solltest du das jetzt tun. Melde dich am besten in dem zuständigen Wehrkreiskommando bzw. Zivildienststelle an. Dort wird man dir gern weiterhelfen. Zivildienststellen für beispielsweise September des Jahres erfordern eine **Anmeldung bis spätestens März des Jahres**. Ähnlich verhält es sich mit dem Wehrdienst.

5

Freiwilliges soziales Jahr: das wird von den Gemeinden und Städten angeboten und ist dort im Bürgerbüro oder beim Amt für Familie und Soziales zu erfragen. Auch hier solltest du dich im März spätestens angemeldet haben.

Praktikum: Ein einjähriges Praktikum ist hervorragend geeignet für alle, die eine schulische Ausbildung absolviert haben. So kannst du Berufserfahrung auf einem speziellen Arbeitsgebiet erwerben und dich intensiv darin einarbeiten. Zu 40 % werden die Praktikanten/innen übernommen. Auch wenn du nicht übernommen wirst, mit einem Jahr Berufserfahrung und einem guten Arbeitszeugnis hast du weitaus bessere Chancen bei deiner nächsten Bewerbung.

Auslandsbewerbung: Viele Länder haben einen Mangel an gut ausgebildeten Arbeitskräften und so kann eine Bewerbung im Ausland mehr Erfolg haben als im Inland. Tatsächlich bieten die Schweiz, Neuseeland, Australien, Norwegen und Kanada Berufsanfängern gute Startmöglichkeiten an. Meistens sind zwei Voraussetzungen nötig; erstens dass man sehr gut bis gut englisch sprechen kann und zweitens die Abschlussnote muss mindestens „drei" sein.

Studium: Gehörst du zu denen, die ein gutes bis sehr gutes Ausbildungszeugnis hatten und lernen macht dir Spaß, dann überlege dir doch,

6

ob du dich nicht zu einem Studium bewerben willst. Die Abgabefristen für die Bewerbungen sind je nach Fach-/Hochschule unterschiedlich und auf den Homepages einsehbar. Die Regel ist jedoch, für das Wintersemester musst du dich bis März des laufenden Jahres beworben haben. Wir wünschen dir viel Glück und verweisen dich auf den Anfang unseres Buches mit der Finanzierung der schulischen Ausbildung.

Fortbildung bzw. Qualifizierung: Dies kannst du in einer schulischen Ausbildung tun oder in einem Fernstudium. Beide Formen werden mit Meister- BAföG bzw. Weiterbildungs- BAföG oder dem Begabtenstipendium bezuschusst. Nähere Informationen findest du im nächsten Kapitel.

Egal, für welchen Weg du dich entscheidest, vermeide nach Möglichkeit mehr als einen Monat Arbeitslosigkeit. Das sieht nicht gut im Lebenslauf aus und grade der Begriff „Arbeitslosigkeit" ist mit jeder Menge Vorurteilen behaftet. Informationen rund um dieses Thema findest du in unserem Buch „Arbeitslosengeld I & Hartz IV".

Weiterbildung und deren Förderung

Weiterbildung ist ja eine schöne Sache, doch zum größten Teil blieb die Finanzierung bisher an dir hängen. Das dürfte auch der Grund sein, warum Fernlehrgänge zurzeit so boomen, denn da kannst du in verträglichen Raten deine Weiterbildung abstottern. Doch es gibt eben Weiterbildungen, die werden leider nicht über Fernlehrgänge angeboten.

Hier haben wir für dich einige Finanzierungs-möglichkeiten gefunden, die wir dir näher vorstellen wollen:

- ➢ **Meister- BAföG bzw. Weiterbildungs-BAföG nach AFBG**
- ➢ **Begabtenstipendium**
- ➢ **Bildungsprämie**
- ➢ **Arbeitsentgeltzuschuss**
- ➢ **Bildungsgutschein**
- ➢ **Förderprogramme der Länder**

Ich war sehr erstaunt, wie gering der Bekanntheitsgrad dieser Finanzierungen ist. Nur jeder 21. von 1500 Befragten kannte eines der Modelle. Von dem Inhalt wusste kaum jemand etwas genaues. Dass es sich um Finanzierungen für die Weiterbildung handelt, war nur 17 Befragten bekannt.

Das war für uns Ansporn genug, Material zu sammeln und hier vorzustellen. Beginnen werden wir mit dem Meister- BAföG.

„Meister- BAföG" / Das Aufstiegsfortbildungsförderungsgesetz (AFBG)

Fort- und Weiterbildung sind heute eine sehr teure und zeitaufwendige Angelegenheit. Um die berufliche Weiterbildung attraktiver für die breite Mehrheit zu gestalten, wurden verschiedene Finanzierungen ins Leben gerufen unter anderem auch das Meister – BAföG.

Die allgemeine Bezeichnung „Meister- BAföG" ist ziemlich irreführend, denn bei dem **Aufstiegsfortbildungsförderungsgesetz** (der amtliche Name für das Meister – BAföG) handelt sich um ein interessantes Finanzierungsmodell für die verschiedensten Berufsgruppen, dass leider viel zu selten in Anspruch genommen wird.

Tipp: Diese Finanzierungsart kann von dir **als Arbeitnehmer** ebenso in Anspruch genommen werden wie **als Arbeitsloser**. Bekommst du keine Unterstützung durch das Arbeitsamt, ist das AFBG durchaus eine Alternative. Leider musst du dich zwischen AFBG und Arbeitslosengeld entscheiden.

Tipp: **Für spätere Existenzgründer** ist diese Variante besonders attraktiv, denn durch eine Firmengründung in den ersten drei Jahren nach deinem Abschluss, wird dir ein **Teil der Rückzahlung erlassen**.

9

Voraussetzungen

Auch wenn der Zwang zum Meisterbrief in vielen Handwerksberufen aufgehoben wurde: Für eine Selbständigkeit reichen die Kenntnisse aus der ersten Berufsausbildung oft nicht aus. Betriebswirtschaft, Recht und Steuern, Marketing und auch fachbezogene Fähigkeiten müssen ergänzt oder aufgefrischt werden, wenn du zum Beispiel ein eigenes Unternehmen gründen will.

Grundsätzlich werden alle Fort- und Weiterbildungen in allen Berufsbereichen gefördert und zwar unabhängig davon, in welcher Form sie durchgeführt werden.

Die Arbeitsagenturen finanzieren kaum noch eine Weiterbildung und so ist das AFBG für dich sicherlich eine Alternative. Zunehmend werden über das AFBG nicht nur die Fortbildung in handwerkliche Berufe finanziert, sondern auch Weiterbildungen in sozialen Bereichen wie medizinischen Berufen.

Doch auch hier gibt es Einschränkungen, deshalb haben wir dir alle Voraussetzungen zusammen getragen, damit du selbst nachschauen kannst, ob du einen Anspruch auf AFBG hast.

Voraussetzungen:

> **Du musst über eine** abgeschlossene Erstausbildung nach dem

Berufsbildungsgesetz (BBiG) bzw. der Handwerksordnung (HwO) oder einen vergleichbaren Berufsabschluss **verfügen.**

Tipp: Hast du **deinen Abschluss** in den **neuen Bundesländern**, in der ehemaligen DDR, absolviert, so kann es sein, dass dieser Abschluss nicht problemlos anerkannt wird. Das bedeutet für dich, dass du am besten zur IHK oder zur HWK gehst mit deinem Abschlusszeugnis und lässt dir **deinen Berufsabschluss neu anerkennen.** Dazu musst du aber alle Nachweise mitbringen, sonst wird dein Abschluss niedriger anerkannt, was Auswirkung auf deine Rente hat. **Das gleiche gilt für Abschlüsse, die im Ausland erworben wurden.**

➢ **Dein Beruf muss ein bundesweit anerkannter Berufsabschluss sein.** Das heißt nur, deine Ausbildung muss ein anerkannter Beruf sein. Das kannst du ganz einfach überprüfen, in dem du bei der Agentur für Arbeit anrufst und nachfragst. Ersatzweise hilft dir da auch die IHK. Einfach hast du es natürlich, wenn auf deinem Abschlusszeugnis steht „staatlich anerkannt…". Dann ist doch alles klar.

➢ Du darfst über keine Qualifizierung verfügen, die dem angestrebten Abschluss der Fortbildung gleichwertig ist. **Also hast du bereits einen Berufsschulabschluss, dann**

wirst du nur AFBG bewilligt bekommen, wenn deine Fortbildung mit einem höheren Abschluss endet, wie zum Beispiel mit einem Fachschulabschluss. Für einen Hochschulbesuch musst du BAföG beantragen.

➢ **Die Fortbildung verläuft in** Vollzeit oder Teilzeit, **auch per Fernunterricht.**

- Vollzeit **bedeutet: an wöchentlich** 4 Werktagen **müssen** mindestens 25 Unterrichtsstunden **stattfinden.** Vollzeitfortbildungen dürfen insgesamt nicht mehr als drei Jahre betragen.

- Teilzeit **heißt: die Lehrveranstaltung muss** innerhalb von 8 Monaten mindestens 150 Unterrichtsstunden **umfassen.**

- Fernunterricht: **wird mit AFBG gefördert, wenn du einen** anerkannten Abschluss **erwirbst, die** Voraussetzungen laut AFBG sowie des Fernunterrichtsgesetz **erfüllt werden.**

- **Mediengestützte Lehrgänge** (E-Learning): können ebenfalls gefördert werden, wenn sie durch **Nahunterricht** (an einer Schule in deiner Nähe) oder entsprechende **mediengestützte Kommunikation** (über Telefon oder

12

Internet) wie **regelmäßigen Erfolgskontrollen** (durch eingesandte Übungen bzw. durch das Vorladen zu Prüfungen) unterstützt werden. Die reinen Selbstlernphasen sind aber nicht förderfähig.

➢ **Bist du deutscher Staatsangehörige/r,** dann hast du bereits die nächste Voraussetzung erfüllt für die Beantragung des AFBG.

➢ **Als Ausländer eines EU- Mietgliedstaates sowie als Ausländer,** der sich bereits drei Jahre in Deutschland rechtmäßig aufgehalten hat und erwerbstätig war, kannst du ebenfalls AFBG beantragen.

➢ **Normalerweise werden nur Lehrgänge in Deutschland gefördert.** Doch auch hier gibt es Ausnahmen. Findet deine Weiterbildung (ganz oder teilweise) in einem EU- Land statt, dann solltest du dich im Vorfeld schon mal erkundigen, ob es Kooperationsvereinbarungen gibt, auf die du dich berufen kannst. Das kann zum Beispiel dann der Fall sein, wenn dein Lehrgang auf ein deutsches wie ausländisches Ausbildungsziel vorbereitet. Angenommen deine Firma möchte dich als Zweigleiter einer Bankfiliale in Madrid einsetzen, du musst aber erst deinen Bankfachwirt erwerben, dann ist es in Ordnung, wenn du die erste Hälfte deiner Fortbildung in Deutschland

13

absolvierst und die zweite Hälfte dann in Spanien.

➢ **Eine zweite Fortbildungsmaßnahme** wird dann gefördert, wenn du einen **plausiblen Grund für den Abbruch** der ersten Maßnahme benennen kannst (wie Krankheit, Schwangerschaft oder Pflege eines nahen Familienangehörigen) oder wenn zur **Erreichung deines Fortbildungsziels die zweite Maßnahme notwendig** ist. Das ist immer dann der Fall, wenn es sich bei der ersten Weiterbildung zum Beispiel um einen Aufbau- oder Vorbereitungskurs handelt.

➢ Wichtig für die Gewährung von AFBG in diesem Fall ist das Vorlegen deines **Fortbildungsplans**. In diesen Fortbildungsplan gehört:

✓ **der Grund für den Abbruch** der ersten Maßnahme bzw. in wie weit die erste Maßnahme als Aufbau- bzw. Vorbereitungskurs für die zweite Fortbildung zu rechnen ist,

✓ ob die erste Maßnahme **anrechenbar** auf die zweite Fortbildung ist (das ist der Fall, wenn du die erste Maßnahme abgebrochen hast und nun das selbe Ausbildungsziel erreichen möchtest)

14

- ✓ welche **Ausbildungsabschnitte bereits erreicht** wurden von dir,

- ✓ welche **Abschnitte du noch erreichen** musst,

- ✓ **welche Zeit** du noch **dafür benötigst**,

- ✓ **an welcher Schule** das geschehen soll,

- ✓ ob das in **Voll- oder Teilzeit** erfolgen soll

- ✓ **und welche Unterstützung** du benötigst. Hier brauchst du nur anzugeben, dass du als Unterstützung die Finanzierung durch das AFBG **benötigst.**

➢ Weiter darfst du **nicht über einem bestimmten Einkommen liegen.** Da das AFBG in sehr vielen Punkten Bezug auf das BAföG nimmt (daher auch die Bezeichnung „Meister- BAföG), entnimmt es auch die Freibeträge dem normalen BAföG. Durch das 22. Änderungsgesetz haben sich die Freibeträge im BAföG wie im BAB verändert. Genauer gehen wir im Abschnitt Förderhöhe und – Dauer ein. Was wir schon in Erfahrung gebracht haben: der maximale monatliche Förderungsbeitrag wurde ab August 2008 von 615 Euro auf 670 Euro für einen Alleinstehenden erhöht.

Höhe und Dauer des AFBG`s

Wie das BAföG besteht auch das AFBG zu einem Teil aus einem Zuschuss und zum anderen Teil aus einem Darlehen. Grundsätzlich kannst du folgende Unterhaltsbeträge pro Monat erhalten:

Alleinstehende/r ohne Kind   **670 €**
(Zuschuss 227 € + Darlehen 443 €)
Alleinstehende/r mit einem Kind   **849 €**
(Zuschuss 227 € + Darlehen 622 €)
Verheiratete ohne Kind   **885 €**
(Zuschuss 227 € + Darlehen 658 €)
Verheiratete mit einem Kind   **1.064 €**
(Zuschuss 227 € + Darlehen 837 €)
Verheiratete mit zwei Kindern   **1. 243 €**
(Zuschuss 227 € + Darlehen 1.016 €)
jedes weitere Kind   **+ 179 €**

Alleinerziehende können darüber hinaus einen Zuschuss zu den Betreuungskosten erhalten:
Je Kind   **+ 113 €**

Tipp: Bei Vollzeit- und Teilzeitmaßnahmen kannst du einen Beitrag erhalten, der deine Lehrgangs- und Prüfungsgebühren abdeckt bis zu einer **Höhe von maximal 10.226 €.** Dieser Betrag ist nicht abhängig von deinem Einkommen oder Vermögen.

Tipp: **Die Kosten für die Anfertigung des Prüfungsstück** werden bis zur Hälfte (maximal bis 1.534 €) im Rahmen eines Darlehens gefördert. Wenn du also zeitig genug erfährst, was du anfertigen musst, als so genanntes Meisterstück, und welche Kosten dir dadurch entstehen, dann reiche dies sofort ein.

16

Das Darlehen sowie der Zuschuss sind **während der Fortbildung und die anschließenden zwei Jahre (Karenzzeit) zins- und tilgungsfrei.** Diese Karenzzeit kannst du bis auf 6 Jahre verlängern lassen. Die Berechnung der Höhe des AFBG`s richtet sich nach deinem Einkommen und den BAföG- Bedarfssatz für auswärtig untergebrachte Antragsteller. Der maximale Förderungsbetrag für Alleinstehende sieht zurzeit so aus:

Grundbedarf	**341 €**
Wohnbedarf	**146 €**
Zuschlag für höhere Miete	**72 €**
Zuschlag Krankenversicherung	**50 €**
Zuschlag Pflegeversicherung	**9 €**
Erhöhungsbetrag	**52 €**
Gesamtbetrag	**670 €**

Für Verheiratete erfolgt eine Erhöhung um 215 € und pro Kind ein Betrag um je 179 €.

Tipp: Die Erhöhungsbeträge für Kinder werden nur dann gezahlt, wenn du für sie staatliches Kindergeld erhältst.

Die **Einkommensfreibeträge** richten sich nach den BAföG- Freibeträgen und sind ab dem 01.10.2008 um 8 % angestiegen (durch das 22. Änderungsgesetz der BAföG- Verordnung). Momentan sieht es folgendermaßen aus:

Du selbst hast als Teilnehmer einen Einkommensfreibetrag von monatlich 255 €. Für deinen Ehegatte steht dir ein monatlicher Freibetrag von 500 € zu, solltest du über ein Einkommen verfügen. Hat dein Ehegatte ein Einkommen, dann kann er 1.000 € als Freibetrag geltend

17

machen. Und für jedes Kind wird ein Freibetrag von 470 € eingeräumt.

Tipp: Das **Vermögen und Einkommen deiner Eltern** wird hier nicht herangezogen zur Berechnung des AFBG`s.

Tipp: **Aufgepasst!!** Zur Berechnung deines Einkommens wird das **aktuelle Kalenderjahr** verwendet. Für die Berechnung des Einkommens deines Ehepartners wird aber **das vorletzte Kalenderjahr** verwendet. Wir nennen das „**die Kreuzprobe**". So kann man feststellen, ob irgendwelche Vermögenswerte auf einmal verschwunden sind. Sollte es so sein, dann hagelt es Nachfragen und du bist in der Beweislast. Das heißt, du musst nachweisen, wohin das Geld verschwunden ist.

Damit sind wir beim Einkommensbegriff angelangt. Was zählt eigentlich als Einkommen? Wir haben dir **das mögliche Einkommen** aufgelistet:

➢ **Einkünfte aus nichtselbständiger Tätigkeit** wie Lohn, Vergütungen, Honorare, Einkünfte aus Minijobs usw.
➢ **Kindergeld**
➢ **Kinderzuschuss**
➢ **Unterhalt**
➢ **Unterhaltsvorschuss**
➢ **Renten**
➢ **BAföG**
➢ **BAB – Berufsausbildungsbeihilfe**
➢ **Ausbildungsbeihilfen** wie Erziehungsbeihilfen

- **Stipendien**
- **Einkommen aus selbständiger Tätigkeit**
- **Einkünfte aus Kapitalerträgen**
- **Einkünfte aus Gewerbebetrieben**
- **Einkünfte aus Verpachtungen und/oder Vermietungen**
- **Entgeltersatzleistungen nach dem dritten Buch Sozialgesetzbuch** (SGB III) wie Arbeitslosengeld oder Arbeitslosenhilfe (Hartz 4), Grundsicherung, Winterausfallgeld, Überbrückungsgeld, Sozialhilfe
- **Leistungen der sozialen Sicherung nach SGB V, SGB VI, SGB VII, der Reichsversicherungsordnung (RVO), dem Gesetz über die Krankenversicherung der Landwirte (KVLG), dem Mutterschutzgesetz** wie Krankengeld, Mutterschaftsgeld, Elterngeld, Zuschuss zum Mutterschaftsgeld, Verletztengeld,
- **Einkünfte nach dem Bundesversorgungsgesetz (BVG) und den Gesetzen, die auf das BVG anwendbar sind,** wie Versorgungskrankengeld, Übergangsgeld, Unterhaltsbeihilfe
- **Einkünfte nach dem Lastenausgleichsgesetz (LAG), dem Reparationsschädengesetz (RepG), dem Flüchtlingshilfegesetz (FlüHG)** wie Unterhaltsbeihilfe, Beihilfe zum Lebensunterhalt nach diesen Gesetzen
- **Einkommen nach dem Unterhaltssicherungsgesetz** wie Leistungen für grundwehrdienstleistende

Sanitätsoffiziere und die Verdienstausfallentschädigungen, die allgemeinen Leistungen, die Einzelleistungen, es gilt das gleiche für Leistungen nach **dem Zivildienstgesetz und dem Bundesgrenzschutzgesetz**

➢ **Einkünfte nach dem Beamtenversorgungsgesetz** wie das Übergangsgeld

➢ Anpassungsgeld (nach den **Richtlinien über die Gewährung von Anpassungsgeld an Arbeitnehmer des Steinkohlenbergbaus)**

➢ **Leistungen auf Grund der Richtlinien über die Gewährung von Beihilfen für Arbeitnehmer der Eisen- und Stahlindustrie**

➢ Übergangsgeld, Arbeitslosenhilfe, Arbeitslosenbeihilfe auf Grund des **Soldatenversorgungsgesetz**

➢ **Vorruhestandsgeld**

➢ **Waisengeld, Waisenrente**

➢ **Konkursausfallgeld**

➢ **Insolvenzausgleichszahlungen**

➢ **Wintergeld, Winterausfallgeld**

➢ Übergangsleistungen nach der **Berufskrankheiten- Verordnung (BKV)**

➢ **Leistungen nach dem Wehrsoldgesetz, Zivildienstgesetz und dem Bundesgrenzschutzgesetz** wie Geld- und Sachbezüge, Wehrsold, Verpflegung, Unterkunft,

➢ Vorruhestandsbezüge, Ausgleichsgeld und ähnliche Leistungen (auch wenn sie

20

steuerfrei sind) nach dem **Gesetz zur Förderung der Einstellung der landwirtschaftlichen Erwerbstätigkeit (FELEG)**

➢ Aufstockungsbeträge und Zuschläge nach dem **Altersteilzeitgesetz**
➢ **Abfindungen**
➢ Leistungen nach dem **Anspruchs- und Anwartschaftsüberführungsgesetz**
➢ Einnahmen nach dem **Bundesbesoldungsgesetz** wie Auslandszuschlag, Auslandskinderzuschlag
➢ **Bezüge der Bediensteten internationaler und zwischenstaatlicher Organisationen und Institutionen**
➢ **Bezüge diplomatischer und konsularischer Vertreter anderer Länder und deren Bediensteter**

Da auch dein **Vermögen** in die Berechnung einfließt, sehen wir uns doch mal an, was alles als Vermögen angesehen wird:

➢ **Eigentumswohnungen,**
➢ **Eigenheime**
➢ **Bebaute und unbebaute Grundstücke**
➢ **Wertpapiere und Aktien**
➢ **Sonstige Rechte und Forderungen wie Vermächtnisse, Ansprüche auf Zahlungen, weiter Geschäftsanteile, Patentrechte, Verlags- und Urheberrechte**
➢ **Sammlungen (wie Münzen oder ähnliches) von einem Wert ab 5.000 €**
➢ **Antiquitäten ab einem Wert von 5.000 €**

21

- **Ausländische Vermögenswerte**
- **Hypotheken und Grundschulden, die dir zufließen, hier ist nur die Restschuld anzugeben**

Die Vermögensfreibeträge werden jährlich angegeben und sehen folgendermaßen aus:

Dir steht ein Vermögensfreibetrag von 35.791 € zu. Für deinen Ehepartner erhältst du einen weiteren Freibetrag von 1.790 €. Für jedes Kind erhältst du außerdem einen Freibetrag von ebenfalls je 1.790 €.

Tipp: Eigenheime oder Eigentumswohnungen, die du selbst bewohnst, kannst du freistellen lassen von der Vermögensberechnung.

Tipp: Vermögen, das du bereits **für die Existenzgründung eingeplant hast,** kannst du auch freistellen lassen. Es ist also nur eine Frage der Interpretation.

Tipp: Die Verwertung von Vermögen musst du nicht vornehmen, wenn du voraussichtlich einen Wert **unterhalb von 10 % des Zeitwerts** erzielen würdest.

Tipp: Es gibt eine Härtefallklausel. Danach musst du nichts aus deinem Vermögen veräußern, wenn es für dich oder deine Angehörige **eine unbillige Härte** darstellt. Das kann sein, wenn du Vermögen für dein behindertes Kind ansparst, damit es abgesichert ist oder jemand in deiner Familie einen gesundheitlichen Schaden erlitten hat und das Vermögen zur Rehabilitation usw. eingesetzt werden soll. Willst du für ein behindertes oder

22

pflegebedürftiges Familienmitglied ein Haus kaufen oder musst du das Vermögen zur Erhaltung des Hauses aufwenden (der Behinderte muss ein Mitglied deiner Familie sein), so dürfen diese Vermögenswerte nicht mitberechnet werden.

Tipp: Überlege genau, was **alles als Vermögen zählt**. Was für dich wertvoll ist, muss nicht unbedingt wirklich was wert sein. Also unterscheide zwischen tatsächlichen Wert und ideellen Werten.

Und so erfolgt die **Berechnung**:

Das eventuelle Vermögen wird gegen die Vermögensfreibeträge aufgerechnet. Bleibt dort etwas übrig, wird es auf 12 Monate aufgeteilt und auf den Unterhaltsbetrag angerechnet. Weiter wird das monatliche Einkommen gegen die Einkommensfreibeträge aufgerechnet. Was sich dann daraus ergibt, ist der Unterhaltsbetrag der dir monatlich gezahlt wird. Gezahlt wird dir dieser Betrag für die **Dauer deiner Fortbildung.** Das sind bei Vollzeitmaßnahmen längstens 24 Monate, bei Teilzeitmaßnahmen bis zu 48 Monaten.

Tipp: Diesen Zeitraum kannst du **bei bestimmten Härtefällen um 12 Monate verlängern** lassen. Das kann die Pflege eines Familienangehörigen zusätzlich zu deiner Fortbildung sein, eigene Krankheit oder Schwangerschaft und Geburt eines Kindes sein (auch für den Vater bei Elternzeit).

Darlehensbedingungen

Das AFBG setzt sich aus einem **Zuschuss und einem Darlehen zusammen**. Das Darlehen erhältst du über die KfW- Bank. Mit der Zusage über den monatlichen Förderungsbetrag erhältst du auch einen **Darlehensvertrag**, dessen Bedingungen gesetzlich festgelegt sind.

Tipp: Du kannst **frei entscheiden**, ob du in der bewilligten Höhe das Darlehen in Anspruch nehmen willst oder **in einer geringeren Höhe**.

Das Darlehen ist während der Fortbildung und einer anschließenden Karenzzeit von 2 Jahren (maximal 6 Jahre) **zins- und tilgungsfrei.**

Nach dieser Zeit musst du das Darlehen **innerhalb von 10 Jahren in monatlichen Raten von mindestens 128 € zurück zahlen**. Dabei kannst du zwischen einem festen oder variablen Zinssatz wählen. Dieser Zinssatz liegt meistens erheblich unter dem marktüblichen Zinssätzen. Der variable Zinssatz wird jedes Jahr zum 01.04. und 01.10. festgelegt. Gleichzeitig wird mit Rückzahlungsbeginn ein Zuschlag erhoben, der eventuellen Ausfallrisiken vorbeugt, wie zum Beispiel Arbeitslosigkeit.

Tipp: Du kannst das Darlehen auch **vorzeitig** zurück zahlen. Dann betragen die monatlichen Raten aber eine Mindesthöhe von 500 €.

Tipp: Die Rückzahlung kann dir **erlassen oder gestundet werden,** wenn du:

➢ In der Woche nicht mehr als 30 Stunden arbeitest und ein **Kind bis zum 10. Lebensjahr** betreust. Pflegst du ein **behindertes Kind**, dann können deine Rückzahlungsraten zunächst gestundet und später erlassen werden. Dazu darf dein Einkommen bestimmte **Schonbeträge** nicht übersteigen. Diese betragen zurzeit für dich 960 €, plus für deinen Partner 480 € und jedes Kind je 435 €.

➢ Es gibt auch noch den **Existenzgründernachlass.** Gründest du oder übernimmst du innerhalb von 3 Jahren nach Beendigung der Fortbildung ein Unternehmen oder eine freiberufliche Existenz, dann werden dir auf Antrag ein Teil deines Darlehens erlassen. Das betrifft 66 % der Lehrgangs- und Prüfungsgebühren.
Voraussetzungen sind hier:

- dass du den Lehrgang bestanden hast

- und spätestens am Ende des 3. Jahres nach deiner Existenzgründung mindestens 2 Personen für 4 Monate versicherungspflichtig beschäftigt hast. Bei der Beantragung des Darlehensnachlass müssen die Beschäftigungsverhältnisse noch bestehen.

Beantragung des AFBG`s

Willst du die Förderung beantragen, so musst du das bei deinem BAföG- Amt tun. Die Formulare dazu kannst du unter www.meister-bafoeg.info herunterladen.

Hier ein Überblick über die einzelnen Formblätter:

Formblatt A	**Antrag auf Förderung einer beruflichen Aufstiegsfortbildung**
Anlage zu Formblatt A	**Angaben zu Einkommen und Vermögen**
Anlage zu Formblatt A	**Mieterklärung**
Formblatt B	**Bescheinigung über den Besuch einer Fortbildungsstätte/ die Teilnahme an einem Fernunterrichtslehrgang / mediengestützten Lehrgang**
Anlage zu Formblatt B	**Bestätigung der Zugangsvoraussetzung**
Formblatt C	**Erklärung des Ehegatten**
Formblatt D	**Aktualisierungsantrag**
Formblatt E	**Zusatzblatt für Ausländer/innen**
Bescheinigung	**zur Kranken- u. Pflegeversicherung**

Formblatt A – Antrag auf Förderung einer beruflichen Aufstiegsfortbildung

Kommst du ins Schwitzen, wenn du den Haufen Blätter vor dir liegen hast, keine Sorge. Wir werden dir jedes Formular Schritt für Schritt erklären.

Eine kleine Erklärung vorab. Du hast vor jeder Zeile merkwürdige Zahlen stehen. Wir haben versucht, einen Sinn darin zu finden, doch selbst die Sachbearbeiter haben hier nur mit Kopfschütteln reagiert. Also lass diese Zahlen außer Acht und orientiere dich an den Blockzahlen. So haben wir es bei den Erläuterungen auch getan. Dabei nehmen wir uns jeden Block vor und erklären ihn dann dir Zeile für Zeile.

Antrag

Unter der Überschrift wirst du gefragt, ob du **bereits einen Antrag auf Leistungen nach dem AFBG gestellt hast**. Kreuze hier das zutreffende an. Beantwortest du die Frage mit „ja", dann kannst du in der nächsten Zeile die damals vergebene **Förderungsnummer sowie das Amt** eintragen. Das dürfte der Fall bei Wiederholungsanträgen sein.

Block 1 Antragsteller/in
Hier werden deine persönlichen Daten abgefragt.

Familienname, Vorname: trage deinen Familiennamen ein, eventuell deinen Geburtsnamen sowie deine Vornamen. Bist du zum vierten Mal verheiratet, dann musst du deine vergangenen Familiennamen ebenfalls angeben.

Männlich / weiblich: das solltest du aber wissen

Wohnanschrift, Strasse u. Hausnummer:
Postleitzahl und Wohnort:

Bundesland: hier geht es in beiden Zeilen um deinen Hauptwohnsitz, welcher in deinem Personalausweis eingetragen ist.

Geburtsdatum, Geburtsort: das ist wichtig, denn einen Darlehensvertrag darfst du nur abschließen, wenn du über 18 Jahre alt bist.

Telefon:/Email: diese Angaben sind freiwillig, sollten aber von dir vorgenommen werden, denn so ist es einfacherer bei auftauchenden Fragen eine schnelle Klärung zu bewerkstelligen

Staatsangehörigkeit: kreuze das an, was auf dich zutrifft. Bei **Ausländer/innen** oder **andere** musst du Formblatt E zusätzlich ausfüllen

Familienstand: trage das Kreuz bei dem ein, was auf dich zutrifft. Bei „**ledig**" musst du die nächste Zeile nicht ausfüllen. Bist du zum zweiten Mal geschieden, dann brauchst du nur das Jahr deiner letzten Scheidung eintragen.

Staatsangehörigkeit der Ehegattin/ des Ehegatten: kreuze an, was auf deinen Partner zutrifft.

Anschrift während der Fortbildung: diese Zeilen musst du nur dann ausfüllen, wenn du während der Fortbildung einen 2. Wohnsitz hast (Nebenwohnsitz)

Block 2 Der Bescheid soll nicht an mich, sondern übersandt werden an
Angenommen, deine Fortbildung ist im Ausland, dann kannst du einen Vertreter bestimmen, an den der Bescheid und die Vertragsunterlagen geschickt werden können. Diese Person ist berechtigt, die Vertragsunterlagen für dich zu unterschreiben. Du musst nur Namen und Anschrift angeben.

Block 3 Bankverbindung
Das dürfte klar sein, hier geht es um deine Bankverbindung, denn dein monatlicher

Förderungsbetrag wird nur überwiesen und kann nicht bar ausgezahlt werden.

Block 4 Ich beantrage die Förderung für folgende Fortbildungsmaßnahme/folgenden Maßnahmeabschnitt:
Hier geht es nur um deine Fortbildung. Manche Fortbildungen sind in Maßnahmeabschnitte gegliedert bzw. einzelne Lehrgänge. Handelt es sich um eine Fortbildung im Ganzen, dann wird diese Fortbildung einem Maßnahmeabschnitt gleich gesetzt.

Bezeichnung des angestrebten beruflichen Fortbildungsabschlusses:
Es wird die genaue Bezeichnung deiner Fortbildung erfragt. Diese kannst du deinem Fortbildungsvertrag entnehmen.

Name und Anschrift des Veranstalters:
Die Adresse und Telefonnummer der Schule oder des Lehrgangsinstitut gehört jetzt in die nächsten zwei Zeilen. Auch das findest du in deinem Fortbildungsvertrag.

Beginn der Maßnahme/ des Maßnahmeabschnittes
Ende der Maßnahme/ des Maßnahmeabschnittes
Hier gehören der Beginn und das Ende deiner Fortbildung hinein. Das kannst du ebenfalls dem Fortbildungsvertrag entnehmen. Schließlich will man ja von dir wissen, wie lange man dir das AFBG zahlen soll. Ist deine Fortbildung in Abschnitte aufgeteilt, dann trage diese hier ein bzw. den Abschnitt für den du die Förderung beantragst.

Voraussichtliche Prüfungsstelle:
Legst du beispielsweise deine Prüfung vor der IHK ab, dann wirst du das sicher in der Geschäftsstelle deines Wohnortes tun. Musst du keine Prüfung ablegen oder du kennst die Prüfungsstelle nicht, dann lass diese Zeile frei oder trage unbekannt ein.

29

Wird im Rahmen des Lehrgangs ein weiterer Abschluss vermittelt?

Normalerweise wird in den meisten Fällen nur ein Abschluss vermittelt, doch es gibt auch Ausnahmen. Sollte das hier zutreffen, dann trage dein Kreuz bei „ja" ein und in der nächsten Zeile, um welche Abschlüsse es sich dabei handelt. (Das können zum Beispiel Informatikkurse sein.)

Beinhaltet der angestrebte Fortbildungsabschluss einen weiteren Abschluss/ weitere Abschlüsse?

Wie in der vorigen Frage geht es hier um die Möglichkeit mehrerer Abschlüsse. Hier orientiere dich an der vorangegangenen Frage.

Block 5 Für die Maßnahme habe ich beantragt oder erhalte ich zusätzlich zum AFBG:

- **Unterhaltsgeld oder Arbeitslosengeld für die berufliche Fortbildung nach dem Dritten Sozialgesetzbuch**
- **Begabtenförderung nach den Richtlinien des Bundesministerium für Bildung und Forschung**
- **Leistungen auf Grund einer vorübergehenden Krankheit oder eines Unfalls (Rehabilition)**
- **Leistungen nach dem Schüler-/Studenten-BAföG**
- **Andere Kostenerstattung aus öffentlichen Mitteln oder von einem öffentlich-rechtlichen oder privaten Arbeitgeber**

Diese Leistungen werden auf das AFBG angerechnet oder schließen die Zahlung von AFBG aus. Solltest du solche Leistungen erhalten oder beantragt haben, dann lege den Bescheid in Kopie dem Antrag bei. Dann trage in der unteren Zeile das Amt ein, bei dem du die Leistung erhältst oder beantragt hast (hier das Aktenzeichen) sowie den Betrag, den du monatlich bekommst.

Tipp: Wir empfehlen dir, diese **Leistungen etwa drei Monate vor dem AFBG zu beantragen**, so dass du einen eventuellen Ablehnungsbescheid der Beantragung des AFBG`s beilegen kannst. So gehst du einer möglichen

Ablehnung aus dem Weg bzw. verkürzt das Antragsverfahren für das AFBG erheblich.

Block 6 Kosten des Maßnahmeabschnitts (Als Nachweis bitte Rechnungskopien der Lehrgangs- und Prüfungsgebühren und der Materialkosten des Meisterstücks / der Prüfungsarbeit, ggf. Kalkulation beifügen bzw. nachreichen)

Jetzt wird es interessant. Du musst in der ersten Zeile eintragen, ob deine Fortbildung in **Vollzeitform** oder **Teilzeitform** stattfindet. Hast du die Vollzeitform angekreuzt, dann geht es mit der nächsten Zeile weiter. Hier musst du nun wählen, ob du nur den **Maßnahmebeitrag**, nur den **Unterhaltsbeitrag** oder **Unterhalts- und Maßnahmebeitrag** beantragst.

Tipp: Unsere Empfehlung beantrage erst einmal **Unterhalts- und Maßnahmebeitrag zusammen**. Selbst die beste Kalkulation wird bei den eigenen Mitteln immer zu eng berechnet. Und es gibt immer wieder Dinge, die nicht in die Rechnung miteinbezogen wurden, wie überraschender Nachwuchs, eine Zahnspange oder teure Klassenfahrten der Kinder. Solltest du dann doch weniger AFBG benötigen, kannst du jeder Zeit die Auszahlung mit einem kurzen Schreiben an die KfW- Bank stoppen. Weiter sind die Konditionen, Freibeträge etc. so eng ausgelegt, das es besser ist, erst einmal **alles zu beantragen**, was du bekommen kannst. So hast du eine gute Chance auf das AFBG.

Block 7: Fortbildungsplan

Hier hast du zwei Tabellen, die du gewissenhaft ausfüllen musst.

Ich beabsichtige, folgende Maßnahme/ Maßnahmeabschnitte zu absolvieren bzw. ich bereits absolviert:

In der ersten Tabelle musst du die Dauer der Maßnahme oder der verschiedenen Abschnitte eintragen. Erfragt werden das Datum, die Bezeichnung, ob Voll- oder Teilzeit sowie die Anzahl der Unterrichtsstunden. In der letzten Zeile der Tabelle

31

musst du die Gesamtanzahl der Unterrichtsstunden eintragen. Hast du bereits Abschnitte deiner Fortbildung abgeschlossen, dann trage diese ein, wie die Abschnitte, die du noch zu absolvieren hast. Besuchst du einen Vollzeitlehrgang, so musst du hier nur eine Zeile mit den geforderten Daten ausfüllen.

Tabellarischer Lebenslauf insbesondere unter Berücksichtigung des schulischen und beruflichen Werdegangs (inklusive eventueller Hochschulabschlüsse)

Du musst nicht bei deinen Grundschulzeugnissen anfangen, sondern du beginnst mit deinem Abgangszeugnis (Hauptschul- oder Realschulabschluss). Dann führst du deine Lehrzeit auf wie deine berufliche Entwicklung. **Hier geht es nur um deine Abschüsse!** (Du musst also nicht jede Arbeitsstelle aufführen, sondern nur die Betriebe, in denen du einen beruflichen Abschluss oder eine für die Fortbildung wichtige Qualifizierung erworben hast.) Dazu musst du deine Zeugnisse in Kopie beifügen. Reicht der Platz nicht aus, dann kopiere das Blatt einfach und trage in dort den Rest ein.

Block 8 Der Maßnahmeabschnitt stimmt mit dem unter Ziffer 7 aufgestellten Fortbildungsplan überein (nur ausfüllen bei Folgeanträgen)

Dieser Punkt liest sich im ersten Moment merk würdig. Stellst du keinen Folgeantrag, so ist dieser Block für dich uninteressant und du kannst ihn durchstreichen. Handelt es sich um einen Folgeantrag, dann geht es hier um den aktuellen Maßnahmeabschnitt. In den meisten Fällen wirst du das „ja" ankreuzen. Das „Nein" musst du ankreuzen, wenn du zum Beispiel einen Fernschulkurs besuchst und dieser hat sich über das erwartete Ende hinaus gezögert, weil du vielleicht schwer krank warst. Die meisten Kurse beinhalten zwar die Klausel, dass du den Lehrgang um ein halbes Jahr automatisch verlängern kannst, aber es wird kein Datum angegeben. Du musst in diesem Fall das neue Datum und den Grund angeben. Ähnlich sieht es aus, wenn du innerhalb der Fortbildung ein anderes Abschlussziel

hast oder eine Weiterentwicklung anstrebst.
Angenommen, du wolltest nur deinen Meisterabschluss
erwerben und nun hast du nach der Hälfte des
Lehrgangs den Wunsch entwickelt, dass du ja auch
gleichzeitig Sachverständiger für dein Gebiet werden
könntest, so hat sich dein Lehrgang verändert. Diese
Änderung musst du ebenfalls eintragen. Verändert sich
aus organisatorischen Gründen dein Lehrgang von
ursprünglicher Vollzeit auf Teilzeit oder deine
Unterrichtsstunden, so gehört das samt Begründung
auch hier hinein.

Tipp: Solche **Veränderungen** lasse dir lieber von deiner
Lehrgangsstelle bestätigen, damit verkürzt das ganze
Verfahren erheblich.

Block 9 Kinder, soweit sie von Ihnen unterhalten werden/ oder in Ausbildung sind

Diesen Block musst du natürlich nicht ausfüllen, wenn
du keine Kinder hast, keinen Unterhaltsbeitrag und
Kinderbetreuungskosten gelten machst. Du kannst ihn
durchstreichen und zu Block 10 gehen.
Bist du stolze/r Vater oder Mutter, dann musst du in
diesen Abschnitt die Daten deiner Sprösslinge eintragen.
Das können deine eigenen Kinder sein, wie adoptierte
Kinder. Dabei können diese Kinder in deinem Haushalt
leben oder bei dem anderen Elternteil (hier musst du
nachweisen, dass du Unterhalt zahlst).
Wie immer wird von nur 3 Kindern als Maximum
ausgegangen. Du hast also nur drei Spalten zur
Verfügung. Hast du mehr Kinder, so kopiere das Blatt
dem entsprechend und verändere nur die Aufzählungen
(also statt 1. dann 4.).
Zuerst musst du den Familiennamen, wie den
Vornamen und das Geburtsdatum angeben.
Weiter geht es mit der Wohnung, wo sich das Kind
hauptsächlich aufhält.
Nun wird erfragt, ob das Kind das gemeinsame Kind
deines Partners und dir ist. Wenn nicht, dann musst du
eintragen, in welchem Verhältnis das Kind zu dir oder

deinem Partner steht (also ob das Kind dein leibliches Kind ist, oder das deines Partners).
Geht dein Kind in den Kindergarten oder zur Schule, sind die nachfolgenden Zeilen uninteressant für dich. Absolviert es aber eine Ausbildung, dann musst du diese Zeilen ausfüllen mit dem Namen der Ausbildungsstätte und dessen Adresse.
Es wird ebenfalls nach der jetzigen Klasse gefragt, wie nach dem Ausbildungsbeginn und dem voraussichtlichen Ausbildungsende.
Mit Ausbildungsmaßnahmen zur beruflichen Förderung als behinderter Mensch sind das BVJ zum Beispiel gemeint.
Hat dein Kind irgendwelche Einnahmen, wie Ausbildungsvergütung (Lehrgeld oder BAföG), Einnahmen aus geringfügiger Beschäftigung wie Ferienjobs oder Zeitungsaustragen beispielsweise, dann musst du das hier eintragen und die Nachweise beifügen. Kindesunterhalt wohlgemerkt gehört hier auch hinein, denn der Unterhalt ist für dein Kind bestimmt und zählt somit als Einkommen deines Kindes. Das ist umso interessanter, denn nun müssen die Einkommensfreibeträge aufgeteilt werden. Da diese Beträge schwanken können, rechnest du sie auf ein Jahr aus und teilst sie durch 12. Damit erhältst du den monatlichen Einnahmenbetrag, den du in die letzte Zeile einträgst.

Tipp: Betreust du die Kinder deines Partners in deinem Haushalt, also Stiefkinder, dann trage diese auch ein. Besonders dann, wenn ihr Kindergeld erhaltet oder der andere Elternteil seinen Unterhaltsanteil nicht zahlen kann. Dann tragt ihr nämlich die Unterhaltslast allein und damit sind diese Kinder leiblichen Kindern gleich gestellt. Im Übrigen beruft sich auch das AFBG auf die BAföG- Bestimmungen und nach diesen bekommst du einen Unterhaltsbetrag und Kinderbetreuungskosten, wenn die Kinder in deinem Haushalt leben und du oder dein Partner Kindergeld erhaltet.

Nur für allein erziehende Teilnehmerinnen / Teilnehmer an einer Fortbildungsmaßnahme

Was nun folgt, ist ein grandioses Beispiel für unser Beamtendeutsch. „Ich wohne nicht in häuslicher Gemeinschaft mit anderen Personen, die nicht Kinder im Sinne von Nummer 9 sind." Eine doppelte Verneinung, die eigentlich übersetzt nur bedeutet: „Ich wohne mit den oben genannten Kindern allein zusammen. Es gibt keinen weiteren Erwachsenen in diesem Haushalt." Diese Erklärung ist deshalb so wichtig, weil es um die Betreuungskosten geht. Und diese bekommst du nur ersetzt, wenn du Alleinerziehender bist.

Trage in der ersten Zeile die Namen der betreffenden Kinder ein. Reicht diese Zeile nicht, dann trägst du einfach die Aufzählungsnummern aus der Tabelle oben ein. Dann gib den Zeitraum an, in dem dir die Betreuungskosten entstehen. Das dürfte mit dem Zeitraum deines Lehrganges identisch sein. Nun will man von dir die Kosten erfahren. Hier mache es dir einfach, entweder du trägst die monatlichen Kosten ein oder du errechnest dir die Kosten für die Lehrgangsdauer und schreibst diese mit einem Vermerk auf. Noch einfacher kannst du diese Kosten nachweisen, indem du die Kindereinrichtung bittest, dir einen Beleg oder Kostenplan aufzustellen. Aus diesem entnimmst du einfach die Zahlen und legst den Beleg als Nachweis dem Antrag bei.

Die Fragen 10 – 12 brauchen nur bei Vollzeitmaßnahmen beantwortet zu werden.

Nimmst du an einer Teilzeitmaßnahme teil, dann kannst du diese Fragenblöcke überspringen und musst nur noch unterschreiben mit Ort und Datum. Damit hast du das Formblatt geschafft. Bist du Teilnehmer einer Vollzeitfortbildung, geht es mit Block 10 weiter.

Block 10 Angaben zur Wohnung während der Fortbildung

Da du deine Kosten für deine Wohnung erstattet haben möchtest, zumindest zu einem geringen Teil, solltest du deinen Mietvertrag in Kopie dem Antrag beifügen. Als

35

erstes werden von dir die Unterkunftskosten samt Nebenkosten erfragt. Dann musst du die Anzahl der Bewohner/innen angeben.

Aufgepasst: Es nutzt nichts, wenn du deine sieben Katzen und drei Meerschweinchen mit angibst. Damit erhältst du nicht mehr Geld. Im Gegenteil, wenn du Pech hast, werden sie dir als deine Partner angerechnet und deren Einkommens-nachweise nachgefordert (Lach nicht darüber, das hat es tatsächlich schon gegeben und die GEZ praktiziert das schon seit Jahren.).

Block 11 Angaben zum Einkommen / Vermögen
Nun musst du angeben, welches Vermögen oder Einkommen du voraussichtlich erzielen wirst. Sieh dir unsere Aufstellung von Einkommen und Vermögen genau an und trage nur das ein, was du wirklich bekommst und wofür du Nachweise hast. Einen wahrscheinlichen Lottogewinn von 4 Millionen, den dir die Wahrsagerin für die nächsten sechs Monate vorausgesagt hat, solltest du besser erst dann anführen, wenn du ihn auf dem Konto hast.

Ich erziele während der Fortbildung voraussichtlich Einkommen gem. Anlage zum Formblatt A
Diese Frage musst du mit „Ja" beantworten, wenn du irgendein Einkommen haben wirst, wie Lohn oder Einkünfte aus selbständiger Tätigkeit.

Ich verfüge zum Zeitpunkt der Antragstellung über Vermögen gem. Anlage zum Formblatt A
Bevor du diese Frage mit „Ja" beantwortest, lies dir unsere Informationen zu dem Thema Einkommen und Vermögen durch und überlege dir genau, ob du tatsächlich Vermögen hast oder alles einen ideellen Wert hat.

Ich habe noch nicht bewilligte Sozialleistungen (z.B. Waisenrente) beantragt
Das können Arbeitslosengeld, Renten usw. sein. Du musst dir am besten einen Nachweis von dem

36

betreffenden Amt geben lassen und legst ihn einfach diesem Antrag mit dazu.

Nachträgliche Einnahmen oder bewilligte Sozialleistungen musst du unverzüglich und unaufgefordert mit der Anlage zum Formblatt A als Änderungsmitteilung einreichen.

Block 12 Angaben zur Kranken- und Pflegeversicherung während der Maßnahme

Wie bei einem richtigen Studium musst du auch hier nachweisen, dass du kranken- und pflegeversichert bist. Das ist eine wichtige Voraussetzung für deine Fortbildung. Weiter erhältst du ja einen Zuschuss zu deinen Anteil, dein du in die Versicherung einzahlen musst. Sehen wir uns mal das näher an, so kompliziert ist es gar nicht.

Angaben zur Krankenversicherung
Ich bin gesetzlich familienversichert.

Das ist immer eine sehr praktische Lösung, wenn du verheiratet bist und dein Partner in der Krankenversicherung ist, oder wenn du unter 25 Jahre alt bist und über deine Eltern versichert werden kannst. Leider erhältst du dann aber keinen Zuschuss, denn es entstehen dir ja keine Kosten.

Ich bin selbst gesetzlich krankenversichert.

Dies dürfte immer dann der Fall sein, wenn du über 25 Jahre alt bist, keinen Partner hast oder einen Teilzeitlehrgang besuchst. Trifft das auf dich zu, dann gehe zu deiner Krankenkasse und lasse dir die „Bescheinigung zur Kranken- und Pflegeversicherung während der Dauer der Fortbildung" ausfüllen. Die legst du dem Antrag bei. Vergiss nicht dein Kreuz hier einzutragen, sollte dieser Fall auf dich zutreffen. Hier fällst du auch darunter, wenn du freiwillig in einer gesetzlichen Krankenkasse versichert bist.

Ich bin privat versichert

Als privat Versicherter müsstest du ein Einkommen von über 3.000 Euro haben und dann solltest du dir

37

überlegen, ob du tatsächlich das AFBG in Anspruch nehmen willst. In diesem Fall musst du deine ganzen Versicherungsunterlagen kopieren und einreichen. Aus diesen Unterlagen muss hervorgehen:

➤ Welchen Monatsbeitrag du zum Zeitpunkt deiner Antragstellung für das AFBG zu entrichten hast

➤ Ob dir laut deiner Versicherung ein Einzelzimmer zusteht, welches extra berechnet wird

➤ Und ob dir wahlärztliche Leistungen zustehen bei einem stationären Aufenthalt (das heißt nur, kannst du zum Beispiel fordern, dass dich jeden Tag zweimal der Chefarzt oder ein Professor untersucht statt einem Stationsarzt)

Angaben zur Pflegeversicherung

Jeder von uns ist beitragspflichtig pflegeversichert. Die Frage hier muss aber nur mit „ja" beantwortet werden, wenn du tatsächlich einen Betrag in die Pflegeversicherung einzahlst. Trifft das auf dich zu, dann fülle die nächste Zeile gleich mit aus, wo man von dir wissen will, bei wem du pflegeversichert bist. In der Regel wird das deine Krankenkasse sein.

Tipp: Willst du der ganzen Bürokratie aus dem Weg gehen, solltest du dir nur **die „Bescheinigung zur Kranken- und Pflegeversicherung während der Dauer der Fortbildung"** ausdrucken und einfach bei deinem Arbeitgeber oder deiner Krankenkasse abgeben. Die füllen dir die Bescheinigung aus und spätestens nach einer Woche hast du sie mit allen wichtigen Daten zurück.

Bevor du deine Unterschrift mit Ort und Datum unter dieses Formblatt setzen kannst, wirst du belehrt, dass du jede Veränderung zu melden hast, der für die Bewilligung des AFBG`s wichtig sein könnte:

➤ Wie jeden bisher gestellten Antrag auf AFBG, auch abgelehnte Anträge

➤ Jede Änderung am Fortbildungsplan (z.B. Abbruch, Unterbrechung, Änderung etc.)

38

- Über Veränderung in deinen wirtschaftlichen Verhältnissen (Erhöhung oder Verringerung deines Einkommens zum Beispiel)
- Über deine Familiensituation (das können Heirat, Geburt eines Kindes oder Scheidung sein)

Dann wirst du darauf aufmerksam gemacht, dass deine angegebenen Daten abgeglichen werden und falsche wie verschwiegene Angaben strafrechtlich verfolgt werden können, durch eine Geldbuße, eine Anzeige und du musst die zu Unrecht erhaltenen Beträge zurückzahlen. Mit deiner Unterschrift bestätigst du praktisch die Richtigkeit deiner Angaben und dass du all diese Drohungen und Ermahnungen zur Kenntnis genommen hast.

Checkliste:
- ✓ **Formblatt A ausgefüllt**
- ✓ **Bescheid über Leistungen nach Block 5 in Kopie**
- ✓ **Kosten des Maßnahmeabschnitts, Rechnungskopien über Prüfungsgebühren und Materialkosten des Meisterstücks oder der Prüfungsarbeit (eventuell eine Kalkulation dazu einreichen)**
- ✓ **Nachweise über das Einkommen der Kinder**
- ✓ **Nachweise über die Kinderbetreuungskosten**
- ✓ **Mietvertrag in Kopie bzw. Kosten für das Eigenheim**
- ✓ **Einkommensnachweise wie Lohn oder Einkünfte aus selbständiger Tätigkeit (Einnahme- Überschuss- Rechnung)**
- ✓ **Vermögensnachweise, wie Guthaben, Höhe von Aktienfonds, Einkünfte aus Kapitalanlagen, Zinserträge, Verpachtung und Vermietung, Einkünfte aus Gewerbebetrieben**
- ✓ **Nachweis über beantragte Sozialleistungen, die noch nicht bewilligt sind (Nachweis über den Antrag von dem betreffenden Amt)**
- ✓ **Krankenversicherungsnachweis in Kopie**
- ✓ **Nachweis über die Pflegeversicherung und Höhe der Zahlung oder die „Bescheinigung zur Kranken- und Pflegeversicherung während der Dauer der Fortbildung"**

Anlage zum Formblatt A „Angaben zum Einkommen und Vermögen"

Damit hast du das Formblatt A geschafft und wir können uns mit dem Lieblingsformblatt aller Beamten beschäftigen, der Anlage zu Formblatt A „Angaben zu Einkommen und Vermögen". Dieses Formular musst du nur ausfüllen, wenn es sich bei dir **um einen Vollzeitlehrgang** handelt. Du wirst zu dieser Anlage zwei weitere Blätter mit den Erklärungen zu:
- Einnahmen
- Vermögen

erhalten. Diese kannst du ruhig auf die Seite legen, denn wir erklären dir jeden Punkt ausführlich und unsere Grundlage waren eben diese Erklärungen. Die Einnahmen und das Vermögen musst du monatlich angeben, wenn es nicht anders gefordert ist.

Antrag

Über der Überschrift hast du eine Zeile, die du mit deinem **Namen, deinem Geburtsnamen und Vornamen** wie deinem **Geburtsdatum** ausfüllen musst.

Aufgepasst! Die folgenden Angaben von dir beziehen sich auf den Bewilligungszeitraum. Der **Bewilligungszeitraum** beginnt mit dem Tag der Antragstellung und wird längstens für 36 bis 48 Monate bewilligt. Anträge, die innerhalb eines laufenden Monats eingehen, beginnen somit am 1. des Monats und enden mit dem Abschluss deiner Fortbildung (also du beantragst am 28.6.2008 das AFBG, dann beginnt der Bewilligungszeitraum am 1.6. 2008. Deine Maßnahme hat eine Dauer von 24 Monate, demnach endet der Bewilligungszeitraum am 31.5. 2010.). Diesen **Zeitraum** wie die **Kalendermonate** gibst du bitte in der Zeile unter der Überschrift ein.

Voraussichtliche Einnahmen aus bestehenden oder ruhenden Arbeitsverhältnissen, Ferien-, Gelegenheitsarbeiten (brutto), Minijobs

Einnahmen aus ruhenden Arbeitsverhältnissen, wirst du dich fragen. Was soll denn das sein? Hier geht es um bezahlte Beurlaubungen für die Aufstiegsfortbildungszeit. Angenommen du willst eine Fortbildung zum Fachkrankenpfleger absolvieren, dann kann es durchaus sein, dass dein Arbeitgeber dir beispielsweise die Nachtschicht überträgt. Also hast ein bestehendes Arbeitsverhältnis mit Einnahmen. Zu Einnahmen aus Ferien- und Nebenarbeiten zählen auch Sachbezüge und Übergangsgebührnisse. Weiter musst du die Bruttoeinnahmen aus Gelegenheits- und Minijobs angeben. Der Arbeitnehmerpauschbetrag für Steuern und Abzüge wird vom Amt aus berücksichtigt.

Darin ist ein Arbeitgeberanteil zu vermögenswirksamen Leistungen enthalten

In den meisten Fällen wirst du hier nein ankreuzen. Bist du dir aber unsicher, so frage bei deinem Arbeitgeber nach. Er muss dir darüber eine Auskunft geben. In der Regel steht das aber auf deinem Lohnzettel.

Sonstige Renten (z. Beispiel Unfallrenten)

Erhältst du eine Unfallrente, Berufsunfähigkeitsrente wegen einer Berufskrankheit oder Witwenrente, dann musst du hier den monatlichen Betrag angeben und eine Kopie von dem Bescheid mit einreichen.

Einkünfte aus selbständiger Arbeit, Gewerbebetrieb, Vermietung und Verpachtung, Land- und Forstwirtschaft

Diese Einnahmen sind meistens jährlich und deshalb solltest du das vor den Betrag schreiben. Nachweisen kannst du diese Einkünfte an Hand deiner letzten Steuererklärung, einer Bilanz deines Steuerberaters oder einer Einnahme- Überschuss- Rechnung. Solltest du schon absehen können, dass diese Einkünfte geringer ausfallen werden, dann lass deinen Steuerberater oder Buchhalter eine kurze Erklärung dazu schreiben und abstempeln.

41

Ausbildungsvergütungen brutto – auch Sachbezüge (ohne Familienzuschläge)

Ausbildungsvergütungen können in deinem Fall vom Arbeitgeber gezahlt werden, wenn du die Fortbildung auf Veranlassung deines Arbeitgebers absolvierst. Das umfasst auch Essengeldzuschuss, Mietzuschuss, Sachbezüge wie zum Beispiel freie Verpflegung und Unterkunft. Wird die genaue Summe nicht in deinem Ausbildungsvergütungsvertrag angegeben, dann frage einfach nach. Sonst kann es sein, dass dir ein viel zu hoher Betrag dafür hinzugerechnet wird.

Waisenrente und / oder Waisengeld (einschließlich Weihnachtszuwendung

Über den Bezug von Waisengeld und/ oder Waisenrente musst du einen Bescheid haben. Diesen kopierst du und legst ihn dem Formblatt bei. Dabei musst du nur die tatsächliche Höhe abzüglich der Steuer und Abzug des Pflichtbeitrages zur Krankenversicherung angeben. Erhältst du Weihnachtszuwendung, musst du diesen Betrag auch angeben.

Einkünfte aus Kapitalvermögen (z. B. Sparzinsen)

Nun wird es spannend. Verfügst du über Einkünfte aus Kapitalvermögen, egal von welcher Höhe, dann musst du diese in Bruttobeträgen angeben. Dein Vermögensfreibetrag wie die Werbungskosten und Sparerfreibetrag werden dir dann automatisch abgerechnet. Einkünfte aus Kapitalvermögen können sein:

➢ Sparzinsen
➢ Aktienfonds
➢ Kapitalbildende Lebensversicherungen
➢ Bausparverträge usw.

Einnahmen nach BAföG- Einkommensverordnung

Diese Einnahmen haben wir dir komplett unter dem Punkt Einkommen aufgeführt, natürlich musst du auch hier die Nachweise dafür erbringen. Sollte mal ein

42

Bescheid verloren gegangen sein, dann kannst du entweder bei dem betreffenden Amt eine Kopie anfordern oder du kopierst einen Kontoauszug, auf dem die Zahlung steht. **Deine AFBG- Zahlung kannst du noch nicht angeben**, denn diese liegt in der Zukunft und hier geht es um alle steuerfreien Zahlungen zum Zeitpunkt der Antragstellung.

Unterhaltsleistungen meines dauernd getrennt lebenden oder meines geschiedenen Ehegatten oder sonstiger unterhaltspflichtiger Personen (nicht die Eltern)
Hier geht es nicht um Unterhaltsleistungen an deine Kinder, sondern an dich persönlich. Das ist zum Beispiel der Ehegattenunterhalt. Diese Summe musst du monatlich angeben und an Hand eines Urteils oder einer beglaubigten Vereinbarung in Kopie nachweisen.

Zuwendungen von Firmen und privaten Stiftungen
Erhältst du Stipendien oder einmalige Hilfen wie von der Stiftung für Mutter und Kind, so musst du diese hier angeben. Die meisten dieser einmaligen Hilfen sind eigentlich anrechnungsfrei, also achte darauf, dass diese nicht als Einkommen berechnet werden. Aber angeben musst du sie erst einmal.

Ausbildungsbeihilfen und gleichartige Leistungen aus öffentlichen Mitteln sowie Förderungsleistungen anderer Staaten, soweit sie zur Deckung des Lebensunterhaltes oder der üblichen Ausbildungskosten bestimmt sind
Mit diesen Ausbildungsbeihilfen sind folgende Leistungen gemeint:
- ➢ Erziehungsbeihilfen nach dem BVG
- ➢ Ausbildungshilfen der Bundeswehr
- ➢ Hilfen aus dem europäischen Sozialfonds, die die Agentur für Arbeit Teilnehmern an beruflichen Fortbildungs- und Umschulungsmaßnahmen gewähren.

Bist du dir unsicher, ob deine Leistungen auch darunter fallen, dann frage einfach bei dem betreffenden Amt nach.

43

Sonstige Ausbildungsbeihilfen
Solltest du Ausbildungsbeihilfen erhalten, die unter den vorigen Punkten noch nicht aufgeführt sind, dann kannst du diese hier eintragen. Das können auch Erstattungen zu Material-, Reise- oder Prüfungskosten sein, welche dir dein Arbeitgeber unabhängig von einer Ausbildungsvergütung zahlt.

Einnahmen, die zur Deckung des Unterhaltsbedarfs
a) meines Ehegatten
b) meiner Kinder
bestimmt sind.
Hier wird zum Beispiel nach den Familienzuschlägen zur Ausbildungsvergütung gefragt.

Haben Sie Sozialleistungen beantragt, die noch nicht bewilligt wurden?
Hast du beispielsweise das Elterngeld beantragt und die Bearbeitungszeiten dauern wieder einmal ewig, dann musst du hier „Ja" ankreuzen und in der nächsten Zeile diese angeben. Am besten lässt du dir von der betreffenden Stelle ein Schreiben aushändigen, aus dem dieser Sachverhalt hervorgeht. Meistens wird man dir dann eher den Bescheid aushändigen.

Block 2 Vermögen der Antragstellerin / des Antragstellers
Es geht hier um deine Vermögenswerte zum Zeitpunkt der Antragstellung. Bei allen weiteren Angaben musst du den momentanen Zeitwert angeben. Das kannst du an Hand
- von Kaufverträgen, die nicht älter als 5 Jahre sind
- oder des Erbscheins
- der Bescheinigung über die Gebäudeversicherung
- oder du lässt dir ein Gutachten durch den Gutachterausschuss deiner Stadt oder Gemeinde erstellen.

Tipp: Bei **selbstgenutzten Wohnraum** hast du die Möglichkeit, eine **Freistellung von der Vermögens-**

44

anrechnung zu beantragen. Am besten du stellst einen formlosen Antrag und fügst ihn unterschrieben dem Antrag bei.

2.1 Land- und forstwirtschaftliche Grundstücke (Zeitwert)
Besitzt du land- oder forstwirtschaftliche Grundstücke, so musst du hier den Zeitwert angeben.

2.2 Sonstige unbebaute Grundstücke (Zeitwert)
Das können brachliegende Fläche sein, aber auch Kiesgruben zum Beispiel.

2.3 sonstige bebaute Grundstücke (Zeitwert)
Damit sind Eigentumswohnungen oder Eigenheime gemeint, wie auch Anteile an dem Eigentum, beispielsweise durch eine Erbengemeinschaft.

2.4 Betriebsvermögen (Zeitwert)
Den Zeitwert hier kann dir dein Buchhalter oder dein Steuerberater bestätigen.

2.5 Wertpapiere, insbesondere Aktien, Pfandbriefe, Schatzanweisungen , Wechsel, Schecks
Du musst hier die Stückzahl und den derzeitigen Kurswert angeben.

2.6 sonstige Forderungen und Rechte
Hast du ein Anrecht auf Vermächtnisse, Ansprüche auf Zahlung eines Geldbetrages oder Lieferung von Waren, Geschäftsanteile, Patentrechte oder Tantiemen wie Verlags- und Urheberrechte, dann musst du das hier eintragen. Bestätigen kann dir das sicher, der Rechtsanwalt, den du mit der Wahrung deiner Rechte und Forderungen beauftragt hast.

2.7 Lebensversicherungen (Rückkaufwert)
Den Rückkaufwert deiner Lebensversicherung wird dir jährlich durch deine Versicherung mitgeteilt.

2.8 Sonstige Vermögensgegenstände
Mit sonstigen Vermögensgegenständen ist nicht dein Hausrat gemeint, sondern mögliche Antiquitäten oder

45

Kunstwerke. Deren Wert kannst du in der Regel an Hand der Versicherung nachweisen.

2.9 Verkehrswert des Vermögen im Ausland
Hier musst du die entsprechenden Besteuerungsunterlagen musst du darüber vorlegen.

2.10 Barvermögen und Guthaben
Es zählen der Sparstrumpf unter der Matratze ebenso darunter, wie Guthaben, wenn diese noch nicht aufgeführt sind.

2. 11 Höhe des Bank- und Sparguthaben
Damit ist dein Sparbuch wie dein Girokonto gemeint. Die Nachweise erbringst du am besten durch deine Kopien deiner Kontoauszüge.

2. 12 Höhe des Bauspar- und Prämienguthabens
Einen Nachweis darüber erhältst du jedes Jahr von deinem Versicherer. Kopiere ihn einfach und lege den Nachweis dem Antrag bei.

Block 3 Schulden und Lasten im Zeitpunkt der Antragstellung
Hast du Vermögen in den oberen Zeilen angegeben, so kannst du nun die möglichen Belastungen angeben.

3. 1 Hypotheken, Grundschulden und sonstige Belastungen auf einem der vorgenannten Vermögenswerte
Hast du beispielsweise ein Eigenheim angegeben, so kannst du nun die Restschuld angeben. Das kannst du dir von der Bank bestätigen lassen.

3. 2 Lasten, z. b. Verpflichtungen zu wiederkehrenden Leistungen, Beschränkungen des Eigentums zu Gunsten Dritter
Besteht ein Nießbrauchrecht oder eine Rentenverpflichtung, dann musst du dies hier eintragen.

3.3 Sonstige Schulden

Das können Forderungen Dritter wie Kleinkredite sein. Auch hier musst du nur die Restschuld angeben.

Block 4 Freizustellende Vermögenswerte

Wenn du bestimmte Vermögenswerte freistellen lassen willst, dann kannst du dies unter diesem Punkt tun.

4.1 Übergangsbeihilfen nach §§ 12,13 des Soldatenversorgungsgesetz sowie nach § 13 Abs. 1 des Bundespolizeibeamtengesetz

Unter diesem Punkt benötigst du keine weitere Erklärung, du musst nur den Betrag eintragen.

4. 2 Vermögenswerte, deren Verwertung aus rechtlichen Gründen ausgeschlossen ist

Liegt ein Veräußerungsverbot nach §§ 135, 136, 137 BGB vor, dann musst die Summe eintragen und das Veräußerungsverbot in Kopie vorlegen.

4. 3 Ich beantrage, dass zur Vermeidung unbilliger Härten Vermögenswerte nicht angerechnet werden

Das kann eigengenutztes Wohneigentum sein, wie Lebensversicherungen oder Eigenkapital/ Bausparverträge zur späteren Existenzgründung. Wird das Vermögen für die Erhaltung oder baldigen Beschaffung eines Hausgrundstücks benötigt, in welches ein behinderter oder pflegebedürftiger Familienangehöriger einzieht, dann kann dieses Vermögen ebenfalls freigestellt werden. Du musst nur eine ausführliche Begründung und die entsprechenden Nachweise beifügen.

Nun kommt der übliche Stapel von Belehrungen und Androhungen, den du mit deiner **Unterschrift** zu Kenntnis genommen hast.

Checkliste:

- ✓ **Anlage zu Formblatt A ausgefüllt**
- ✓ **Lohnbescheinigung**
- ✓ **Nachweis über Rentenzahlungen**
- ✓ **Nachweis über Einkünfte aus selbständiger Tätigkeit, Gewerbebetrieb, Vermietung,**

47

Verpachtung, Land- und Forstwirtschaft durch Steuerbescheid, Bilanz des Steuerberaters oder einer Einnahme-Überschuss- Rechnung
- ✓ Nachweis über vollständige Ausbildungsvergütungen
- ✓ Nachweis über die Zahlung von Waisengeld und / oder Waisenrente
- ✓ Nachweis über Kapitalvermögen wie Kontoauszüge
- ✓ Nachweis über Einnahmen laut BAföG-Einkommensverordnung
- ✓ Unterhaltstitel oder beglaubigte Vereinbarung über Unterhaltszahlungen in Kopie
- ✓ Nachweis über Zuwendungen aus Firmen und privaten Stiftungen
- ✓ Nachweis über Ausbildungsbeihilfen
- ✓ Nachweis über beantragte Sozialleistungen
- ✓ Antrag auf Freistellung von der Vermögensanrechnung für selbstgenutzten Wohnraum
- ✓ Nachweis über die verschiedenen Vermögenswerte
- ✓ Bescheinigung über sonstige Rechte und Forderungen
- ✓ Rückkaufwert der Lebensversicherung
- ✓ Versicherungspolice oder Gutachten über sonstige Vermögensgegenstände
- ✓ Kontoauszüge über die Höhe des Bank- und Sparguthaben
- ✓ Nachweis über Bauspar- und Prämienguthaben
- ✓ Bestätigung über die Restschuld von Vermögenswerten
- ✓ Nachweis über Veräußerungsverbote
- ✓ Nachweis und Begründung zur Vermeidung unbilliger Härten

Formblatt B – Bescheinigung über den Besuch einer Fortbildungsstätte/ die Teilnahme an einem Fernunterrichtslehrgang/ mediengestützten Lehrgang

Dieses Formblatt musst du nur mit deinen persönlichen Daten ausfüllen sowie das Amt angeben, bei dem du den Antrag auf AFBG stellst. Das ist notwendig, da manche Fortbildungsstätten dieses Formblatt gleich direkt an das Amt schicken. Du solltest vorher anrufen, ob du einen frankierten Rückumschlag zu dem Formblatt legen solltest.

Ab der Überschrift wird der Rest durch den Veranstalter deiner Fortbildung ausgefüllt und dann nach spätestens 2 Wochen an dich oder das entsprechende Amt zurück geschickt.

Doch bevor du voller Eifer dieses Formblatt abschickst, lege auch das folgende Formular mit dazu, wenn du deine Prüfung bei deinem Veranstalter ablegst.

Anlage zu Formblatt B – Bestätigung der Zugangsvoraussetzungen –

Auch hier musst du nur den oberen Block mit deinen persönlichen Daten ausfüllen samt dem bearbeitenden Amt. Das restliche Formular gibst du bei deiner **Prüfungsstelle** ab. Das kann der Veranstalter deiner Fortbildung sein, aber auch die IHK oder HWK nimmt die Abschlussprüfung ab. Ist keine Prüfung vorgesehen, dann brauchst du dieses

49

Formular nicht ausfüllen zu lassen. Gibt es noch keinen konkreten Termin oder Anlaufstelle für deine Prüfung, dann lasse dir durch den Veranstalter deiner Fortbildung deine Zulassung bestätigen.

Tipp: Bist du dir unsicher, **wo das Formular nun hingehört**, schicke es mit einem entsprechenden Vermerk an **deine Fortbildungsstätte**. Dort wird man dir sicher weiterhelfen.

Formblatt C - Erklärung des Ehegatten

Dieses Formblatt benötigst du nur bei **Vollzeit-maßnahmen** und wenn **du verheiratet bist.** Das heißt also, dein Partner muss das Formblatt ausfüllen. Also reiche das Buch weiter und es kann losgehen.

Du musst nur die Zeile über der Überschrift mit deinen persönlichen Daten wie Familiennamen, Geburtsnamen, Vornamen und Geburtsdatum ausfüllen. Der Rest ist für deinen Ehegatten bestimmt.

Antrag
Die Angaben in Block 1 bis 3 betreffend den Bewilligungszeitraum (das bedeutet, du musst die aktuellen Daten verwenden).

Ab **Block 4 bezieht sich alles auf das vorletzte Kalenderjahr.** Haben sich deine Einkommensverhältnisse seit dem vorletzten Kalenderjahr stark verändert, so stelle gleich einen **Aktualisierungsantrag**.

Block 1: bezieht sich auf deine persönlichen Daten wie **Familienname, Geburtsname, Vorname, Geburtsdatum, Anschrift, Staatsangehörigkeit und Erwerbs-**

50

tätigkeit. Bist du auf Dauer getrennt lebend von deinem Ehegatten, brauchst du nicht weiter das Formblatt auszufüllen. Du musst nur eintragen, seit wann du geschieden oder getrennt lebst. Bist du erwerbstätig, so musst du nun angeben, welcher Art deine Erwerbstätigkeit ist und seit wann du diese Tätigkeit ausübst. Das ist wichtig, denn nun kannst du die Steuererklärung aus dem vorangegangenen Jahr einreichen oder als Selbständiger kannst du die ersten drei Jahre eine Einnahme- Überschuss- Rechnung einreichen. Bist du in der Ausbildung, so musst du in den Zeilen über Block 2 dies mitteilen. Dabei gib die Art der Ausbildung und das voraussichtliche Ende deiner Ausbildung an.

Block 2: Kinder, soweit sie von Ihnen unterhalten werden / oder in Ausbildung sind.

Wie immer wird hier von maximal drei Kindern ausgegangen. Solltest du mehr als drei Kinder haben, dann kopiere diese Tabelle entsprechend und streiche die Aufzählung durch und ergänze sie durch die Folgeaufzählung (also 1. kannst du durchstreichen und schreibst einfach 4. davor). Nicht anzugeben brauchst du Kinder im Wehr- oder Zivildienst. In diese Tabelle musst du Kinder eintragen:

➢ die in deinem Haushalt leben oder denen du Unterhalt zahlst,
➢ leibliche Kinder
➢ adoptierte Kinder
➢ Stiefkinder
➢ Pflegekinder, die länger als ein viertel Jahr in deinem Haushalt leben,
➢ Enkelkinder, wenn sie in deinem Haushalt leben,
➢ Geschwister, falls sie in deinem Haushalt leben.

Faustregel ist hier immer, bekommst du Kindergeld, die Steuerfreibeträge oder zahlst du Unterhalt für das Kind, dann trage es auf jeden Fall ein.

Familienname, Vornamen:

die müsstest du eigentlich wissen, wenn nicht auf der Geburtsurkunde oder dem Unterhaltstitel steht diese Daten auf jeden Fall.

51

Geburtsdatum:
findest du ebenfalls in diesen Unterlagen, wenn du es dir nicht merken kannst.

Wohnung: **Bei den Eltern / einem Elternteil** oder **nicht im Haushalt des Teilnehmers / der Teilnehmerin**
- Bei den Eltern / einem Elternteil, damit ist euer gemeinsamer Haushalt gemeint. Lebt das Kind bei euch, dann ist mit Sicherheit mindestens einer der Elternteil.
- Lebt das Kind nicht bei euch, und einer von euch zahlt Unterhalt, dann gehört dein Kreuz hier hinein.

Gemeinsames Kind:
in den meisten Fällen wird „**ja**" angekreuzt.
„**Nein**" musst du ankreuzen, wenn das Kind nur in einem Verhältnis zu dir (**Ehegatten**) als Vater oder Mutter steht oder deinem Partner (dem **Teilnehmer /der Teilnehmerin**). Bei Pflegekindern ist das Verhältnis so anzugeben wie bei leiblichen Eltern (genauso verfahre, wenn du deine Enkelkinder oder Geschwister betreust. Es geht hier um den direkten Verwandtschaftsgrad.)

Name und Art der Ausbildungsstätte / Ausbildungsverhältnis:
Dein Kind besucht die Grundschule und du meinst, da kannst du getrost diesen Abschnitt überspringen?!
Vergiss es, nun will man alles genau von dir wissen. Könnte ja sein, du hast ein hochbegabtes Kind, dass schon mit einem Doktortitel sein eignes Geld verdient und erst zehn Jahre alt ist. Oder dein Kind ist ein Finanzgenie und verdient grade seine erste Million. Dann würden dir nämlich 25 % der Einnahmen berechnet werden. Du musst ab der Grundschule jede Art von Schule aufführen. Hier eine Zusammenfassung der fraglichen Schulen:
- **Grundschule**
- **Hauptschule**
- **Realschule**
- **Gymnasien**
- **Gesamtschule**

52

- **Berufsfachschule**
- **Fachoberschulklassen, egal ob sie eine abgeschlossene Berufsausbildung voraussetzen oder nicht**
- **Fachschulklassen, egal ob sie eine abgeschlossene Berufsausbildung voraussetzen oder nicht,**
- **Abendhauptschule,**
- **Berufsaufbauschule,**
- **Abendrealschule,**
- **Abendgymnasium,**
- **Kolleg,**
- **Höhere Fachschule,**
- **Akademie,**
- **Hochschule,**
- **Betriebliche Ausbildungsstätten**

Derzeitige Klasse / Semester:

Nun musst du noch die Klasse oder das Semester angeben, welche/s zum Zeitpunkt grade aktuell besucht wird.

Ausbildungsbeginn:

Handelt es sich nicht um eine berufliche Ausbildung, so genügt der Monat und das Jahr des momentanen Schuljahres oder Semesters. Sonst trage das Datum des Beginns der beruflichen Ausbildung ein.

Voraussichtliches Ausbildungsende:

Ist dir das Ende der Ausbildung bekannt, dann trage es hier mit Monat und Jahr ein. Wenn nicht, trage „Ausbildungsende unbekannt" oder das Ende von beispielsweise der Realschule ein. Sonst genügt auch das Ende des Schuljahres oder Semesters.

Voraussichtlicher Abschluss als:

Gibt es einen Abschluss wie Realschulabschluss oder einen Ausbildungsabschluss wie Ergotherapeut, so gehört das in dieses Feld. Ist dir der Abschluss nicht bekannt, so trage einfach nichts ein.

53

Ausbildungsmaßnahmen zur beruflichen Förderung als behinderter Mensch:

In den meisten Fällen wirst du nein ankreuzen. Gehört aber die Ausbildung in eine Förderungsmaßnahme für behinderte Menschen, dann hast du im Vorfeld eine Kostenübernahme durch das Sozialamt oder die Agentur für Arbeit bekommen. Darunter zählen auch Rehabilitationsmaßnahmen. Damit musst du „ja" ankreuzen.

Art der Einnahmen:

hat dein Kind Einnahmen, so musst du diese hier eintragen. Darunter zählen:

➢ Unterhalt
➢ Kindergeld, wenn es direkt an das Kind ausgezahlt wird
➢ Einkünfte aus Ferienjobs, Gelegenheitsarbeiten oder Minijobs
➢ Ausbildungsvergütungen wie Lehrgeld
➢ Einnahmen aus einem Arbeitsverhältnis

Als nicht zu nennende Einnahmen zählen:

➢ Pflegegeld oder Pflegeleistungen
➢ Sozialleistungen, wenn sie auf dem Bescheid der Eltern aufgeführt sind
➢ Taschengeld (Taschengeld ist eine Interpretationssache – erhält dein Kind von den Großeltern 10 Euro die Woche als Taschengeld, so musst du das nicht aufführen. Bekommt es aber 500 Euro im Monat als „Taschengeld", dann solltest du das lieber angeben, das zählt dann schon eher als Unterhalt.)

Einnahmen (monatl.):

hast du grade Einnahmen bei deinem Kind aufführen müssen, dann trag jetzt die monatlichen Einnahmen ein. Hast du nur einen Jahresbetrag, so teile diesen durch 12 Monate und trage dieses Ergebnis ein.

54

Block 3: Ihnen gegenüber unterhaltspflichtige Personen
Zahlt dir jemand Unterhalt, wie ein geschiedener oder dauernd getrennt lebender Ehegatte oder deine Eltern. Zum Unterhalt verpflichtet sind dir gegenüber nur Verwandte in gerader Linie. Also Geschwister, Onkel, Tante, Schwiegereltern gehören hier nicht dazu. Du musst in den folgenden Zeilen die persönlichen Daten der betreffenden Person eintragen wie Verwandtschaftsverhältnis, Grund der Unterhaltspflicht, Art und Höhe der monatlichen Einnahmen im Bewilligungszeitraum.

Tipp: Dabei geht es nur um die **gesetzliche Unterhaltspflicht**. Hast du vor Gericht einen Unterhaltstitel erworben oder es gibt eine Vereinbarung bei einem Rechtsanwalt, dann musst du diesen Unterhalt angeben.

Familienname, Geburtsname, Vornamen, Geburtsdatum:
trage jetzt die persönlichen Daten der Person ein**, die für dich unterhaltspflichtig** ist.

Gegebenenfalls Art der gegenwärtigen Ausbildung:
Kann ja sein, diese Person befindet sich auch gerade in einer Ausbildung, dann musst du die Art der Ausbildung wie den **voraussichtlichen Abschluss** angeben. Art der Ausbildung kann Hochschulstudium, berufliche Ausbildung oder Fachschule sein.

Verwandtschaftsverhältnis oder sonstiger Grund der gesetzlichen Unterhaltspflicht: manchmal ergibt sich die Unterhaltsverpflichtung aus dem Verwandtschaftsverhältnis. Ist das nicht so, dann nimm dir den Unterhaltstitel oder die Vereinbarung über den Unterhalt vor und schau im oberen Abschnitt nach. Dort steht in der Regel der Grund für die Unterhaltspflicht.

Art der Einnahmen der genannten Person/Personen im Bewilligungszeitraum:
Hier will man von dir wissen, ob du eventuell ein höheres Einkommen hast bzw. erwarten kannst durch den Unterhalt.

Tipp: In den meisten Fällen wird dir die Art der Einnahmen und deren monatliche Brutto- Höhe unbekannt sein. Also trage hier „**nicht bekannt**" ein. Entweder der Sachbearbeiter erkundigt sich bei der betreffenden Person oder eben nicht. Es kann von dir nicht erwartet werden, dass dir die Einnahmen bekannt sind. So etwas fällt schließlich unter den **Datenschutz**. In der Praxis ist es so, dass man es nicht nachprüfen wird und man von dem Unterhalt ausgehen wird, den du bereits erhältst. Aber denke daran, Veränderungen musst du angeben, sobald sie dir bekannt werden.

Block 4: Hier wird dir noch einmal ein Hinweis gegeben, dass es in den nachfolgenden Abschnitten nur um dein Einkommen geht, welches du im vorletzten Kalenderjahr erzielt hast. Am besten ist es natürlich, wenn du bereits deine Steuererklärung vorliegen hast, dann kannst du darauf verweisen und bist ganz schnell fertig. Sonst holen deine jeweiligen Bescheide hervor und folge unserer Anleitung.

Block 5: Art der Erwerbstätigkeit
Denke bitte daran, es geht jetzt nur um die Tätigkeit, die du im vorletzten Kalenderjahr ausgeübt hast. (Wird der Antrag also 2009 gestellt, dann interessiert man sich für deine Erwerbstätigkeit im Jahr 2007). Die verschiedenen Arten der Erwerbstätigkeit werden dir in den nächsten Feldern genauer beschrieben. Du musst nur sehen, wo du hinein gehörst. Dieses Kästchen kreuzt du dann an.

Erwerbstätig als rentenversicherungspflichtige/r Arbeitnehmer/in (z.B. als Arbeiter/in, Angestellte/r) oder in Ausbildung:
warst du zu dem Zeitpunkt in einem Arbeits- oder Ausbildungsverhältnis, wo du Lohnsteuer und Sozialversicherungsbeiträge sowie Beträge zur Rentenversicherung abführen musstest, dann gehört dein Kreuz hier hinein.

Erwerbstätig als nichtrentenversicherungspflichtige/r Arbeitnehmer/in (z.B. als Beamter/Beamtin oder Beamter/ Beamtin in Ruhestand:

hast du eine Tätigkeit ausgeübt, bei der du angestellt warst und keine Beiträge zur Rentenversicherung zahlen musstest, dann kreuze dieses Feld an. Das wird nur dann der Fall sein, wenn du zu dem Zeitpunkt als Beamter oder Beamtin angestellt oder im Ruhestand warst.

Erwerbstätig als Nichtarbeitnehmer/in (z. B. Selbständige) oder auf Antrag von der Rentenversicherungspflicht befreite/r oder wegen geringfügiger Beschäftigung versicherungsfreie/r Arbeitnehmer/in:

warst du zu dem Zeitpunkt:
- In der Selbständigkeit
- Hast ein Gewerbe ausgeübt (wie Meisterwerkstatt z. B.)
- Oder hast Minijobs ausgeübt
- Bzw. warst auf Antrag von der Rentenversicherungspflicht befreit (hier Bescheid in Kopie beilegen),

dann musst du hier dein Kreuz eintragen.

Nicht erwerbstätig oder im Ruhestandsalter nicht erwerbstätig (z.B. Personen im Ruhestand):

du gehörst zu dieser Personengruppe, wenn du:
- Hausfrau/-mann warst,
- In der Elternzeit dich befandest,
- Als Pflegeperson für einen nahen Familienangehörigen tätig warst,
- Arbeitslosengeld I oder Hartz IV (Arbeitslosengeld II) bezogen hast,
- Wegen Krankheit längere Zeit nicht erwerbstätig warst,
- Dich in einer schulischen Ausbildung befunden hast,
- Oder Rente bzw. Pension erhalten hast zu dem Zeitpunkt.

Block 6 und 7: Wenn der maßgebliche Steuerbescheid des Ehegatten/ der Ehegattin noch nicht vorliegt:

57

hast du noch keinen Steuerbescheid erhalten oder hast du Einnahmen, die nicht im Steuerbescheid aufgeführt sind, dann musst du diesen Block ausfüllen, ansonsten kannst du schon zu Block 9 übergehen.

6. Wurden oder werden Sie noch für das nach Nr. 4 maßgebliche Kalenderjahr zur Einkommenssteuer veranlagt?

Hier geht es also um das vorletzte Kalenderjahr vor der Antragstellung. Hast du eine weitere Einkommensart neben deinem Gehalt bezogen, wie aus einer selbstständigen Nebenbeschäftigung oder aus Kapitalerträgen, wirst du vom Finanzamt zur Einkommensteuer veranlagt. Das kann auch im Voraus passieren, wenn du diese Einkünfte schon lange hast oder im Nachhinein, weil in dem Kalenderjahr solch eine Einkunftsart hinzugekommen ist. Normalerweise musst du einen Steuerbescheid bzw. eine Kopie des eingereichten Steuerbescheides vorlegen. Hast du die Steuererklärung auch noch nicht eingereicht, dann musst du den letzten an dich ergangenen Steuerbescheid vorlegen. Weichen deine bisherigen Angaben stark von dem Steuerbescheid ab, dann solltest du das auf einem weiteren Blatt begründen. Das kann immer dann der Fall sein, wenn ein im Steuerbescheid angegebenes Einkommen sich verringert oder erhöht bzw. eine neue Einkommensart dazu kommt oder wegfällt. Kreuzt du „ja" an, dann musst du die notwendigen Unterlagen in Kopie dazu legen.

Erfolgte eine Antragsveranlagung nach § 46 Abs. 2 Nr. 8 EStG (früherer Lohnsteuerjahresausgleich):

Das ist immer dann der Fall, wenn du dich freiwillig zur Antragsveranlagung angemeldet hast, weil deine zu erwartenden Verluste oder Ausgaben die Pauschbeträge der Einkommenssteuer übersteigen. Hast du noch keinen Steuerbescheid, dann schaue einfach bei dem vorigen Punkt nach, was du einzureichen hast.

Traf einer der beiden Punkte auf dich zu, dann musst du in der nächsten kleinen Tabelle eintragen, bei **welchem**

58

Finanzamt du veranlagt wurdest, wie deine **Steuernummer** lautet. Musstest du **Kirchensteuer** abführen, so gebe in der letzten Zeile die **Jahressumme** an, aber nur wenn die Kirchensteuer nicht im Steuerbescheid aufgeführt wurde.

Block 7: Nur ausfüllen:

a) **von Einkommensbeziehern, die aufgrund ihres Einkommens nicht zur Abgabe einer Einkommenssteuererklärung verpflichtet sind und die auch keine Antragsverlängerung nach § 46 Abs. 2 Nr. 8 EStG (früherer Lohnsteuerjahresausgleich) durchführen lassen.** Hier benötigst du nur deine Lohnsteuerkarte oder die Bescheinigung deines Arbeitgebers über deine Bruttoeinnahmen und die darauf abgeführten Steuern in dem vorletzten Jahr. Diese Summen trägst du einfach ein.

b) **Einnahmen erzielt wurden, die im Steuerbescheid nicht enthalten sind z.B. wegen Geringfügigkeit vom Arbeitgeber pauschal versteuerte Einnahmen wie Minijobs:** Hast du einen 400 Euro Job ausgeübt, dann musst diese Einnahmen als Jahresbetrag hier angeben, soweit sie nicht in deiner Steuererklärung enthalten sind.

c) **Im Ausland Einnahmen erzielt wurden:** Hast du im Ausland gearbeitet, dann ist es möglich, dass diese Einnahmen nicht im Steuerbescheid aufgeführt wurden, weil du bereits im betreffenden Staat die Steuern abgeführt hast. Diese Einnahmen musst du hier eintragen, wie den Staat, in dem du gearbeitet hast und die Steuern, die du dort abgeführt hast und in welcher Währung. Am besten kannst du das mit der Bescheinigung der dortigen Finanzbehörde oder deines Arbeitgebers nachweisen. Liegen deine Werbekosten höher als die Pauschbeträge, dann gebe dies auf einem gesonderten Blatt an.

8. Wurden vom Arbeitgeber vermögenswirksame Leistungen erbracht?
Hier aufgepasst! Das steht immer im Steuerbescheid, deshalb verweise darauf und trage nichts ein, sonst wird dir der Betrag zweimal angerechnet.

9. Renten:
Hast du irgendwelche Renten erhalten, dann trage hier die Rentenart ein (wie Erwerbsunfähigkeitsrente oder Waisenrente) sowie den Jahresbetrag, der dir gezahlt wurde. Lege den Bescheid in Kopie dem Formular bei. Wir haben dir nun alle möglichen Rentenarten im folgenden Abschnitt aufgeführt:

Rentenarten: Renten wegen Berufsunfähigkeit oder Erwerbsunfähigkeit, Altersruhegeld incl. Rententeile nach dem Hinterbliebenen- und Erziehungszeitengesetz, Witwenrenten, Renten aus einer landwirtschaftlichen Alterskasse, Renten nach dem Künstlerversicherungsgesetz, Ärzteversorgungen, Lebensversicherungen auf Rentenbasis, Firmenrenten und Beträge aus Zusatzversorgungskassen (z.B. VBL-Leistungen) sowie Unfallrenten aus einer gesetzlichen oder privaten Unfallversicherung, jeweils einschließlich etwaiger Kinderzuschüsse und Kinderzulagen. Hierzu gehören weiterhin Versorgungsrenten nach dem BVG und den Gesetzen, die das BVG für anwendbar erklären und Renten nach §§ 31 bis 34 Bundesentschädigungsgesetz ohne Grundrente bzw. eines der Grundrente nach dem BVG entsprechenden Betrages und ohne Schwerstbeschädigten-zulage, Zulage für fremde Führung, Pauschbeträge für Kleider- und Wäscheverschleiß und Pflegezulage. Gesetze, die das BVG für anwendbar erklären, sind: das Soldatenversorgungsgesetz (§ 80), Zivildienstgesetz (§ 47), Bundesgrenzschutzgesetz (§ 59 Abs. 1), Häftlingshilfegesetz (§§ 4 und 5), Gesetz über die Unterhaltsbeihilfe für Angehörige von Kriegsgefangenen (§ 3), Gesetz zu Art. 131 Grundgesetz (§§ 66 u. 66a), Gesetz zur Einführung des Bundesversorgungsgesetze im Saarland (§ 5), Gesetz über das Zivilschutzkorps (§ 46) in Verbindung mit dem Soldatenversorgungsgesetz (§

80), Bundes-Seuchengesetz (§ 51), Infektions-schutzgesetz (§ 60), Gesetz über die Entschädigung für Opfer von Gewalttaten (§ 1).

10. **Einnahmen, die aufgrund des Auslandstätigkeitserlasses nicht versteuert wurden:** Bist du in einem Land seit drei Monaten ununterbrochen tätig, dass keine Doppelbesteuerung zulässt, oder du hast als Entwicklungshelfer gearbeitet, dann musst du diese Einnahmen angeben und an Hand einer Bescheinigung nachweisen. Diese Einnahmen sind Einkommen nach § 21BAFöG.

11. **a) Einnahmen nach der Bafög-Einkommensverordnung:** Hier werden jetzt verschiedene Leistungen aufgeführt, über die du auch einen Bescheid haben musst. Diesen lege in Kopie bei und trag die gezahlten Jahresbeträge ein.
   - Arbeitslosengeld/ Arbeitslosenhilfe
   - Krankengeld
   - Insolvenzgeld
   - Kurzarbeitergeld
   - Abfindungen (steuerfreier Teil)
   - Aufstockungsbeiträge nach dem Altersteilzeitgesetz

11. **b) Bezogen Sie andere Einnahmen nach der Bafög-Einkommensverordnung** Nun wird es interessant. Denn manche Leistungen werden nun zweimal abgefragt (Hoppla, kleine Falle zur Überprüfung). Du musst nun die Leistungen hier aufführen, die du **bisher noch nicht** genannt hast. Wir haben erst einmal für dich **alle Leistungen nach BAföG- Einkommensverordnung** aufgelistet:
   - ➤ **Leistungen der sozialen Sicherung** wie Entgeltersatzleistungen, Arbeitslosengeld, Teilarbeitslosengeld, Unterhaltsgeld für Arbeit-nehmer bei Teilnahme an Maßnahmen der beruflichen Weiterbildung, Übergangsgeld bei Teilnahme an Leistungen zur Teilhabe am

61

Arbeitsleben, Kurzarbeitergeld/ Transferkurz-arbeitergeld, Insolvenz/ Konkursausfallgeld, Arbeitslosenhilfe, Winterausfallgeld, Überbrück-ungsgeld, Eingliederungshilfe

➤ **Leistungen nach dem V. Sozialgesetzbuch** wie Krankengeld, Mutterschaftsgeld, Elterngeld, Zu-schuss zum Mutterschaftsgeld, Verletztengeld, Übergangsgeld

➤ **Leistungen nach dem Bundesversorgungs-gesetz (BVG) und den Gesetzen, die nach dem BVG anwendbar sind.** Das können sein: Versorgungskrankengeld, Übergangsgeld, Unter-haltsbeihilfe, laufende ergänzende Hilfe zum Lebensunterhalt

➤ **Lastenausgleichgesetz, Reparations-schädengesetz, Flüchtlingshilfegesetz** erhältst du nach einem dieser Gesetze Unterhaltshilfe, Unterhaltsbeihilfe, Beihilfe zum Lebensunterhalt, dann musst du jeweils die Hälfte der Beträge angeben.

➤ **Unterhaltssicherungsgesetz,** die nachfolgenden Leistungen dürfen nicht zum Ausgleich für den Wehrdienst geleistet werden. Allgemeine Leist-ungen nach § 5, Einzelleistungen nach § 6, Leist-ungen für grundwehrdienstleistende Sanitäts-offiziere nach § 12a, Verdienstausfallentschädig-ungen, entsprechendes gilt auch für gleichartige Leistungen nach dem **Zivildienstgesetz und dem Bundesgrenzschutzgesetz**

➤ **Beamtenversorgungsgesetz** hier muss das Übergangsgeld angegeben werden

➤ **Unterhaltsvorschussgesetz** wie Unterhalts-leistungen
   ➤ Richtlinien über die Gewährung von **An-passungsgeld an Arbeitnehmer des**

Steinkohletagebaus wie eben das Anpassungsgeld

➢ Beihilfen aufgrund **von der Gewährung von Beihilfen für Arbeitnehmer der Eisen- und Stahlindustrie**

➢ **Soldatenversorgungsgesetz,** hier sind die Arbeitslosenhilfe, Arbeitslosenbeihilfe wie das Übergangsgeld gemeint.

➢ **Verordnung über die Gewährung von Vorruhestandsgeld** wie das Vorruhestandsgeld.

➢ **Berufskrankheitenverordnung,** hier sind die Übergangsleistungen nach § 3 gemeint.

➢ **Wehrsoldgesetz** wie Geld- und Sachbezüge, Wehrsold, Verpflegung, Unterkunft nach §§ 2- 4, das gilt auch für gleichartige **Leistungen nach dem Bundesgrenzschutzgesetz, Zivildienstgesetz sowie für Angehörige der Vollzugspolizei und Berufsfeuerwehr**

➢ **Vorruhestandsbezüge** und **gleichwertige Leistungen,** auch wenn sie steuerfrei sind, dazu zählt auch Ausgleichsgeld nach dem **Gesetz zur Förderung der Einstellung der landwirtschaftlichen Erwerbstätigkeit**

➢ **Leistungen nach dem Altersteilzeitgesetz** wie Aufstockungsbeträge und Zuschläge

➢ Abfindungen nach § 3 Nr. 9 dem **Einkommenssteuergesetz**

➢ **Leistungen nach dem Unterhaltsgesetz** wie Unterhaltsleistungen, mit Ausnahme

63

deiner Unterhaltsleistungen, die du schon aufgeführt hast. Das heißt, bekommst du für ein Kind Unterhaltsleistungen, die du noch nicht aufgeführt hast, dann trage sie unter 17 ein.

➢ **Leistungen nach § 9 Abs. 1 des Anspruchs- und Anwartschaftsüberführungsgesetz**

➢ **Einnahmen bei Auslandstätigkeit** wie Bezüge der Bediensteter internationaler und zwischenstaatlicher Organisationen und Institutionen (also wenn du bei der UNO oder der NATO zum Beispiel angestellt bist), Bezüge diplomatischer und konsularischer Vertreter fremder Mächte

➢ Einnahmen nach dem **Bundesbesoldungsgesetz**, der Auslandszuschlag, der Auslandskinderzuschlag.

12. weitere Einnahmen, soweit nicht unter 2- 11b aufgeführt:

Du wirst dich fragen, was das noch sein könnte, ganz einfach, es geht hier um Leistungen aus Stiftungen wie die Stiftung für Mutter und Kind oder die Stiftung Deutsche Sporthilfe. Hast du daraus Einnahmen erhalten, dann trage diese bitte hier ein.

Jetzt kommen der übliche Stapel von Erklärungen und Androhungen, denn du sollst dir über die Folgen möglicher falscher Angaben klar sein. Wir empfehlen dir, bei der Wahrheit zu bleiben, die Verbindung zwischen den Ämtern besonders zum Finanzamt ist fast durchsichtig und die Strafen sind hart für dich und den Auszubildenden. Jetzt musst du nur noch unterzeichnen und du bist fertig.

Formblatt D – Antrag der Teilnehmerin/ des Teilnehmers an einer Fortbildungsmaßnahme auf Aktualisierung nach § 17 AFBG in Verbindung mit § 24 Abs. 3 BAFöG

Dieser Antrag ist immer dann notwendig, wenn sich deine Einkommensverhältnisse bzw. die deines Ehegatten zum Negativen verändert haben. Hast du also eine Einkommensminderung zu erwarten, dann stelle so zeitig wie es geht diesen Antrag.

Tipp: Sämtliche Angaben hier beziehen sich auf den aktuellen Bewilligungszeitraum und nur auf Vollzeitmaßnahmen.

Tipp: Doch aufgepasst! Stellst du diesen Antrag, dann werden sämtliche Angaben, die du im Formblatt C gemacht hast, hinfällig. Das heißt, sollte sich nach dem Aktualisierungsantrag der unwahrscheinliche Fall herausstellen, dass du weitaus besser mit den in Formblatt C gemachten Angaben gekommen wärst, dann hilft dir das nichts mehr. Du musst mit **dem Ergebnis des Formblatt D** vorlieb nehmen.

Tipp: Weißt du schon bei der **Antragsstellung, dass die jetzigen oder zukünftigen Einkommensverhältnisse nicht mehr denen im vorletzten Jahr entsprechen**, dann fülle gleich das Formblatt D aus und lege nur den Steuerbescheid aus dem vorletzten Jahr dem Antrag bei. Das spart Zeit und vor allem Nerven.

Antrag

In der Zeile über der Überschrift musst du deinen **Namen, Geburtsnamen, Vornamen und dein Geburtsdatum** eintragen, damit man weiß, wem dieses Formblatt zu zuordnen ist.

Nun musst du den **Bewilligungszeitraum** eintragen, auf den sich dein Aktualisierungsantrag bezieht. Das frühste Datum kann der Tag der Antragstellung sein das Ende ist immer auch das Ende deines Bewilligungszeitraums.

Tipp: Kannst du schon absehen, dass es sich beispielsweise nur um ein Jahr handeln wird (wie durch die Inanspruchnahme der Elternzeit), dann trage dies auch so ein. Du bist verpflichtet, **sämtliche Änderungen** anzugeben. Also erspare dir die Mühe eines zweiten Antrages und trage gleich dieses eine Jahr ein.

Dann **unterschreibst du die Angaben mit Datum, Ort** und reichst den Antrag an deinen Partner weiter.

Abschnitt: Erklärung der Ehegattin/ des Ehegatten der Teilnehmerin/ des Teilnehmers:

Dieser Abschnitt ist von dem jeweiligen Ehegatten auszufüllen und beinhaltet eigentlich nur die Gründe für die Minderung des Einkommens und die Höhe der Einkünfte für den beantragten Zeitraum.

1. Gründe für die Einkommensminderung (z. B. Bezug von Arbeitslosengeld oder –hilfe, Rente wegen Berufsunfähigkeit, Elternzeit)

Hier trägst du den Grund für die Einkommensminderung ein. Das können auch die Aufgabe eines Gewerbes oder durch die Aufnahme eines neuen Jobs eine doppelte Haushaltsführung sein.

Zur Glaubhaftmachung der Einkommensminderung füge ich folgende Belege bei (z.B. Rentenbescheid oder Bescheid über Arbeitslosengeld oder –hilfe):

Jetzt trägst du ein, welche Dokumente du in Kopie als Nachweis für die Einkommensminderung dem Antrag beilegst.

66

Die Einkommensminderung wurde/ wird wirksam ab:
Auf deinem Bescheid oder Beleg steht das Datum, ab wann diese Minderung einsetzt. Trage den Monat und das Jahr ein.

2. Ich bin:
- o **Erwerbstätig als rentenversicherungspflichtige/r Arbeitnehmer/in (z. B. als Arbeiter/in, Angestellte/r) oder in Ausbildung:** hast du einen Arbeitsvertrag und eine Lohnsteuerkarte, führst du Beiträge zur Rentenversicherung ab, dann kreuze dieses Kästchen an.
- o **Erwerbstätig als nichtrentenversicherungspflichtige/r Arbeitnehmer/in (z. B. Beamtin/ Beamter oder Beamtin / Beamter im Ruhestand)**
- o **erwerbstätig als Nichtarbeitnehmer/in (z. B. Selbständige/r) oder auf Antrag von der Rentenversicherungspflicht befreite/r oder wegen geringfügiger Beschäftigung versicherungsfreie/r Arbeitnehmer/in:** hast du ein Gewerbe oder bist du selbständig, dann gehört dein Kreuz hier hinein. Es kann auch sein, dass du einen Minijob hast, dann gehört die n Kreuz hier auch hinein. Bist du von der Rentenversicherungspflicht befreit, dann hast du darüber einen Bescheid erhalten. Diesen lege in Kopie bei und kreuze ebenfalls dieses Kästchen an.
- o **Nicht erwerbstätig oder als Person im Ruhestandsalter nicht erwerbstätig (z.B. Altersrentner/in):** gehst du keiner Beschäftigung nach, dann bist hier genau richtig mit deinem Kreuz.

Block 3: Die der Berechnung des Einkommens im Bewilligungszeitraum zu Grunde zu legenden Jahreseinkommen werden sich voraussichtlich wie folgt zusammensetzen (künftige Erhöhungen wie z.B. Tariferhöhungen bitte beachten):
In der nun folgenden Tabelle sollst du also nur dein jährliches Einkommen, die Einkommensart pro Jahr sowie die zu zahlenden Steuern eintragen.

Tipp: Voraussichtliche Einnahmen für die nächsten drei Jahre, wie sie hier gefordert werden, darüber kann dir die

67

Lohnbuchhaltung oder der Steuerberater eine Bescheinigung in dem Umfang ausstellen, wie du sie hier benötigst. Damit ersparst du dir jede Menge Lauferei und Rechnerei. Du sollst in der Tabelle Verluste und Einnahmen kenntlich machen, also tue das auf die übliche Weise. Entweder nimmst du einen blauen oder schwarzen Stift für die Einnahmen und einen roten Stift für die Verluste. Oder du setzt ein Plus- oder Minuszeichen entsprechend vor die Zahlen.

Schauen wir uns mal die Tabelle genauer an: Auf **der linken Seite** hast du die Spalte, in der alle **möglichen Einkünfte und Steuern** aufgeführt sind. Auf **der rechten Seite** sind drei Spalten, in denen du für jedes **Jahr die Jahressumme deiner Einkünfte** aufführen musst. Lass dich durch die Datumsangaben nicht verrückt machen. Trage ruhig die Jahressummen ein, um den Rest kümmert man sich dann der Sachbearbeiter, auch wenn du mitten im Jahr den Antrag auf Aktualisierung stellst.

Tipp: Die einzelnen Einkommensarten hast du bereits im Formblatt C unter den Punkten 2- 12 stehen und kannst dort nachlesen, was auf dich zutrifft.

Dann unterschreibst du die Belehrung, dass alle Angaben der Wahrheit entsprechen und du Änderungen sofort mitteilst, sowie die strafrechtliche Belehrung, mit Datum und Ortsangabe. Damit hast du das Blatt auch geschafft.

Formblatt E - Zusatzblatt für Ausländerinnen und Ausländer

Auch als Ausländer oder Ausländerin hast du unter bestimmten Voraussetzungen Anspruch auf AFBG. Welche das sind, haben wir dir schon erklärt unter „Voraussetzungen für das AFBG". Doch schauen wir uns die Voraussetzungen jetzt einmal genauer an:

Du kannst als Ausländer/in AFBG erhalten, wenn du:

➢ **Deutsche/r im Sinne des Grundgesetztes bist** (also in Deutschland geboren oder die deutsche Staatsbürgerschaft hast)

➢ **wenn ein Elternteil oder dein Ehegatte die deutsche Staatsangehörigkeit hat und du einen ständigen Wohnsitz in Deutschland hast** (ist in deinem Pass als Erstwohnsitz eine Adresse in Deutschland angegeben und dein Vater/ deine Mutter bzw. dein Ehegatte besitzt die deutsche Staatsangehörigkeit, dann kannst du AFBG beantragen)

➢ wenn du **deinen Wohnsitz in Deutschland hast und asylberechtigt bist bzw. nach Asylverfahrensgesetz anerkannt bist** (darüber hast du oder deine Familie einen Bescheid erhalten, lege diesen in beglaubigter Kopie dem Formular bei)

➢ wenn du deinen **gewöhnlichen Aufenthalt in Deutschland hast und eine Niederlassungserlaubnis** nach §23 Abs. 2 des Aufenthaltsgesetz hast (bist du also politisch Verfolgte/r in deinem Heimatland,

69

dann kann dir die Ausländerbehörde eine Niederlassungserlaubnis für Deutschland erteilen, diesen Bescheid musst du als beglaubigte Kopie beim AFBG- Antrag mit einreichen)

➤ hast du deinen **Wohnsitz in Deutschland und es wurde bei dir ein Abschiebungsschutz** nach § 51 Abs. 1 des Ausländergesetz festgestellt, dann bist du auch AFBG-berechtigt (dieser Paragraph bedeutet, dass du als politisch Verfolgte/r nach internationalem Recht anerkannt bist und somit ein Abschiebungsverbot besteht. Verfolgte/r bist du dann, wenn du auf Grund deiner Religion, Rasse, Staatsangehörigkeit, deiner politischen Überzeugung oder Zugehörigkeit zu einer sozialen Gruppe in deinem Heimatland verfolgt wirst und dein Leben oder deine Freiheit bedroht ist. Bist du von einem anderen Staat in diesem Sinne anerkannt, dann wird in der Regel auch in Deutschland ein Abschiebungsverbot bestehen. Mit diesem Bescheid und einem ständigen Wohnsitz in Deutschland kannst du AFBG beantragen)

➤ wenn du in und außerhalb von Deutschland als **Flüchtling anerkannt bist und deinen ständigen Wohnsitz in Deutschland hast,** so kannst du deinen Anspruch auf AFBG geltend machen (auch darüber musst du einen Bescheid erhalten haben, dabei ist es egal, von welchem Land diese

70

Bescheinigung ausgestellt wurde, wichtig ist nur, dass dein Wohnsitz im Bundesgebiet ist und du ein anerkannter Flüchtling bist). Flüchtling bist du dann, wenn du wegen Krieg, Bürgerkrieg, Angehörigkeit zu einer religiösen oder ethischen Minderheit verfolgt wirst und flüchten musstest. Darunter zählen aber auch die Flucht vor Naturkatastrophen, rechtliche wie humanitäre Gründe.

➢ **Als heimatloser Flüchtling oder Nachkomme eines heimatlosen Flüchtlings bist du in den meisten Belangen einem deutschen Staatsangehörigen gleichgestellt** und damit berechtigt, einen AFBG Antrag zu stellen. (Als „heimatloser Flüchtling" werden Flüchtlinge des 2. Weltkrieges oder Verschleppte des NS- Regimes bezeichnet, die sich zum Zeitpunkt der Gründung der Bundesrepublik in Deutschland befanden. Dieser Status kann in direkter Linie vererbt werden und erlischt bei Änderung der Staatsangehörigkeit der betreffenden Person.)

➢ **Ausländer/innen mit der Staatsangehörigkeit von EU- Mitgliedstaaten und ständigem Wohnsitz in Deutschland können ebenfalls AFBG beantragen.** (bist du also Niederländer/in, dann lege eine Kopie deines Reisepasses zu dem Antrag wie eine Kopie deines Mietvertrages)

71

➢ **Als Angehörige/r eines Vertragsstaates des Abkommen des europäischen Wirtschaftsraums und in Deutschland vor der Maßnahme gearbeitet hast,** erfüllst du auch die AFBG- Voraussetzungen. Dabei muss dein Beschäftigungsverhältnis grundsätzlich einen inhaltlichen Zusammenhang zu deiner Fortbildung haben. (das betrifft dich, wenn du die Staatsbürgerschaft von Liechtenstein, der Schweiz, Bulgarien, Rumänien oder Island hast und vor deiner Fortbildung beispielsweise als Bäckereiangestellte/r in Deutschland mindestens ein halbes Jahr gearbeitet hast und nun deinen Handwerksmeister als Bäcker/in anstrebst. Dann kannst du diese Förderung erhalten.)

➢ Treffen diese Punkte nicht auf dich zu, dann kannst du noch die Förderung bekommen, wenn du vor Beginn der Maßnahme dich **drei Jahre in Deutschland aufgehalten hast und dabei rechtmäßig erwerbstätig warst.** (Dabei ist es egal, ob es sich um ein Angestelltenverhältnis handelt oder um eine selbständige Tätigkeit. Du musst dich nur von dieser Arbeit ohne staatliche Hilfe selbst versorgen können. Bezahlte Ausbildungsverhältnisse, Ferien- oder Teilzeitjobs werden dabei nicht anerkannt. Die Zeiten deiner Tätigkeit kannst du an Hand von Lohnbescheinigungen oder durch eine Erklärung deines Steuerberaters nachweisen. Diese Zeiten müssen vor deinem Antrag erbracht worden sein.)

Antrag

Über der Überschrift musst du in den Zeilen deine persönlichen Daten eintragen, wie deinen **Familiennamen, eventuell Geburtsnamen, Vornamen, Geburtsdatum und deine Staatsangehörigkeit**.

1. Angaben zu Eltern/ Ehegatten: Hat ein Elternteil/ die Ehegattin/ der Ehegatte die deutsche Staatsangehörigkeit?

Sollte das auf dich zutreffen, hervorragend! Dann musst du nur noch eine Kopie des Personalausweises desjenigen hinzufügen und unterschreiben und schon bist du fertig. Musst du „nein" ankreuzen, auch nicht schlimm, gehe einfach zu Punkt 2 weiter.

Block 2: Zeiten des Aufenthaltes/ der Ausbildung/ der rechtmäßigen Erwerbstätigkeit in Deutschland

In den folgenden drei Tabellen geht es um die Erfassung deiner Zeiten des Aufenthaltes, der Ausbildung oder Erwerbstätigkeit in Deutschland. Das ist wichtig, wenn du unter die Gruppe Ausländer/in gehörst, die diesen Nachweis erbringen müssen. Trifft eine Tabelle nicht auf dich zu, dann streiche sie durch.

2. a Aufenthalte der Antragstellerin / des Antragstellers in Deutschland

Trage nun deine Aufenthalte in Deutschland ein. Dabei achte darauf, dass hier nur die Aufenthalte abgefragt werden, als du in Deutschland auch gewohnt hast und somit hier beim Einwohnermeldeamt gemeldet warst. Urlaubsaufenthalte zählen hier nicht darunter. Reicht der Platz nicht aus, dann kopiere das Blatt und führe deine weiteren Aufenthalte im Bundesgebiet auf. Du musst nur den Monat und das Jahr angeben (z. B. 02/07 – 03/08).

2. b Rechtmäßige Erwerbstätigkeit der Antragstellerin / des Antragstellers in Deutschland

Hier wird nach deinen Zeiten der rechtmäßigen Erwerbstätigkeit in Deutschland gefragt. Mit „rechtmäßig" sind selbständige Tätigkeiten und Angestelltenverhältnisse gemeint, keine „Schwarzarbeit".

73

Das heißt, du musst auch Steuern und Sozialbeiträge abgeführt haben. Du kannst diese Zeiten mit der Arbeitserlaubnis, Bescheinigung des Arbeitgebers, Sozialversicherungsnachweise, Steuerbescheide oder Umsatzsteuerbescheide, Bescheinigung der IHK oder HWK nachweisen. Notfalls reicht auch eine Bestätigung deines Steuerberaters.

2. c Ausbildung der Antragstellerin / des Antragstellers in Deutschland
Hast du deine Ausbildung in Deutschland absolviert und diese steht im inhaltlichen Zusammenhang zu deiner Weiterbildung, dann trage die Zeiten hier ein. Als Nachweis gelten deine Ausbildungszeugnisse. Denke bitte daran, deine Ausbildung in Deutschland wird aus deiner Erwerbstätigkeitszeit heraus gerechnet.

Tipp: Dieser **Punkt 2 c ist sehr umstritten**, denn immerhin hast du während dieser Zeit auch Steuern und Sozialversicherungsbeiträge abgeführt. Also nehme das nicht einfach so hin, sondern lege Widerspruch ein.

Zugehörigkeit zu den Personengruppen mit besonderer Rechtsstellung

Sind Sie Mitglied oder Familienangehörige/r eines Mitglieds
a) **einer diplomatischen Mission, einer konsularischen Vertretung, einer diplomatischen Handelsvertretung** (arbeitest du oder ein naher Familienangehöriger in der Botschaft oder Konsulat deines Landes hier in Deutschland, musst du „ja" ankreuzen.)
b) **einer supra- oder internationalen Organisation** (mit „supranational" sind Organisationen wie der europäische Rat oder die UN gemeint. Also eine Organisation, die über nationalen Organisationen steht.)
c) **der Stationierungsstreitkräfte oder ihres zivilen Gefolges?** (Hierunter fällst du, wenn du oder einer deiner nahen Familienangehörigen zu der NATO oder zu den verbliebenen amerikanischen oder britischen

Stationierungsstreitkräften bzw. zu dessen zivilen Gefolge gehört.)
Das musst du nur unterschreiben mit Datum und Ort und schon ist das auch erledigt.

Mieterklärung zur Vorlage bei der AFBG bewilligenden Stelle

Die Mieterklärung besteht aus zwei Blättern. Die Erklärung musst du bzw. deine Vermieter ausfüllen, das zweite Blatt „Verfügung" wird von deinem Sachbearbeiter ausgefüllt, der deinen Antrag bearbeitet. Du kannst zu deinem normalen Darlehen einen Mietzuschuss erhalten. Großartig ist er nicht, aber immerhin bekommst du noch etwas zur Miete dazu. Zurzeit beträgt der Zuschuss für den Wohnbedarf 146 € und für einen höheren Mietbedarf 72 €.

Du hast zwei Möglichkeiten bei diesem Formblatt. Einmal kannst du es ganz normal als Anlage zum Antrag nutzen oder als Änderungsmitteilung im laufenden Bewilligungszeitraum einreichen. Die Änderungsmitteilung wirst du immer dann benötigen, wenn sich etwas an deiner Wohnsituation oder deiner Miete inklusive Nebenkosten verändert hat.

Tipp: Die Mieterklärung ist nicht nur für gemieteten Wohnraum gedacht, sondern auch für **selbst genutzten Wohnraum oder Häuser**. Hast du eine Belastung auf dem Haus oder der Eigentumswohnung, dann lohnt es sich auf alle Fälle diese Erklärung auszufüllen. Statt den Vermieter einzutragen, trägst du die Kredit gebende Bank ein.

75

Solltest du trotzdem eine Ablehnung bekommen, lege Widerspruch ein mit der Begründung, dass das AFBG auf den Bafög- Bestimmungen beruht und dort eigengenutzter Wohnraum auch anerkannt wird, ebenso im Wohngeldgesetz wie beim Arbeitslosengeld I und bei Hartz IV. Bei den Erläuterungen werden wir immer in Klammern noch eine Erläuterung für Eigenheimbesitzer geben.

Antrag

Unter der der Überschrift musst du ankreuzen, ob es sich um **eine Anlage zum Antrag oder um eine Änderungsanzeige für den Bewilligungszeitraum** handelt. (Eine Änderungsanzeige ist immer dann notwendig, wenn du umziehst in eine neue Wohnung oder wenn sich die Kosten für die Wohnung verändern, und das innerhalb des Förderungszeitraums. Dabei trägst du das Datum ein, ab dem sich deine Kosten verändern und sowie das Ende deiner Ausbildung. Natürlich kann es sein, dass du z. B. bei einem Freund die Wohnung für einen bestimmten Zeitraum übernimmst samt den Kosten. Dann trage hier den Beginn und das Ende des Mietverhältnisses ein. Das nennt man dann ein begrenztes Mietverhältnis.)

AFBG – Antragsteller/in (Mieter/in)

Hier trägst du deine persönlichen Daten wie Name, Vorname, Anschrift, Mietbeginn und Stockwerk ein. (Als Eigentümer eines Hauses oder einer Wohnung trägst du statt dem Mietbeginn, den Bezug des Hauses oder Wohnung ein. Also den Tag, an dem du dich umgemeldet hast.)

Vermieter/in

Trage nun die Firma/ den Namen, Vornamen wie die Anschrift deines Vermieters ein. (Bei Eigentumswohnung oder –haus trägst du die kreditgebende Bank ein.)

76

Der/ die o. g. Antragsteller/in hat im Haus:
Ab hier kannst du deinen Vermieter das Blatt weiter ausfüllen lassen, wenn du das ganz einfach haben möchtest. Sonst kreuze an, ob du ein **Zimmer** oder eine **Wohnung** inklusive der **Gesamtquadratmeteranzahl** als **Haupt- oder Untermieter** bewohnst. (Für Eigentumswohnung oder –haus kreuzt du **Wohnung als Hauptmieter** an und schreibst die Quadratmeterzahl hinein. Denk daran, es zählt nur die reine Wohnfläche, also ohne Keller und Dachboden.)

Die Wohnung / das Zimmer wird von insgesamt … Personen bewohnt. (hier geht es um die Anzahl der Bewohner, um zu sehen, ob der Wohnraum angemessen ist für dich und deine Familie, z. B. du bewohnst eine 100 qm Wohnung allein, dann ist das nicht angemessen und es wird nur ein bestimmter Anteil für dich berechnet. Anderes Beispiel, du bewohnst eine 100 qm Wohnung mit deiner Familie, die mit dir zusammen 7 Personen ausmacht. Das ist dann angemessen.)

Der Mietvertrag wurde am … (Datum) abgeschlossen und kann auf Anforderung vorgelegt werden.
Wir empfehlen dir für eine einfache Abwicklung, den Mietvertrag in Kopie dem Antrag beizulegen. Trage einfach das Datum des Mietvertrages ein, das heißt, des Tages an dem du die Wohnung beziehen durftest. (Für Eigentumswohnung oder –haus gilt hier der Vertrag mit deiner kreditgebenden Bank und hier das Datum des Kreditabschlusses.)

Die Kosten der Unterkunft (einschließlich Nebenkosten an den Vermieter) betragen monatlich …EUR seit….Datum der letzten Mietfestsetzung
Nun musst du die Gesamtsumme, welche du an deinen Vermieter monatlich bezahlst, angeben. Dabei müssen auch die Nebenkosten enthalten sein. Das Datum der letzten Mietfestsetzung wird meistens nach der Nebenkostenabrechnung eines Jahres sein(wenn die Nebenkosten neu festgelegt wurden). Also schau auf deiner

Nebenkostenabrechnung nach, ob sich deine monatlichen Abschläge verändert haben und ab wann, dieses Datum trägst du ein. (Wer ein Haus oder eine Eigentumswohnung bewohnt, sollte sämtliche Nebenkostenabrechnungen des letzten Jahres zur Hand haben und dann die Nebenkosten plus die Kreditbelastungen eintragen wie das Datum des letzten Jahres.)

In den monatlichen Kosten der Unterkunft sind enthalten:
Jetzt wird es interessant, denn du musst alle Nebenkosten aufführen und das einzeln. Sind diese Kosten nicht einzeln in deinem Mietvertrag aufgeführt, dann solltest du am besten den Rest deinen Vermieter ausfüllen lassen. Dieser hat den Schlüssel, nach dem er die Nebenkosten ja dann abrechnet. (Als Eigentümer musst du deine monatlichen Kosten aufführen. Hast du halbjährliche oder vierteljährliche Kosten, dann teile diese durch die Anzahl der Monate und trage den monatlichen Betrag ein. Was nicht auf dich zutrifft, streiche durch oder kreuze „**nein**" an.)

- **Kosten der Zentralheizung/ Fernheizung**
- **Kosten für Warmwasser/ Fernwarmwasser**
- **Wasser**
- **Kanalgebühren/ Abwasser**
- **Straßenreinigung/ Hausreinigung**
- **Müllabfuhr**
- **Schornsteinfeger**
- **Gartenpflege**
- **Aufzug**
- **Allgemeine Beleuchtung**
- **Gem. Antenne**
- **Hauswart**
- **Die zusätzlichen drei Zeilen sind für Kosten, die eventuell noch nicht aufgeführt wurden, wie Grundsteuer oder Hausversicherung**

Falls die Kosten der Unterkunft nicht am ersten Tag eines Monats anfallen:
Anteilige Kosten für den ersten Monat….EUR   Mietfreie Monate……..

78

Hier lässt die Bürokratie wieder grüßen. Was sich jedem mit etwas Verstand logisch erschließt, muss nun wieder verkompliziert werden. Es kann ja sein, dass du erst am 15. des Monats deine Miete zahlst. Dann sollst du hier die hälftigen Kosten eintragen. Mach es dir ganz einfach. Stell dich dumm und lass die Zeile frei bzw. streiche sie durch. Die meisten Sachbearbeiter ersehen alles aus dem Antrag und deinem Mietvertrag und errechnen das dann selbst. Anders ist es, wenn es sich um einen Umzug handelt und du beispielsweise einen halben Monat erlassen bekommst bzw. mehrere mietfreie Monate vereinbart hast (das gibt es auch noch?). Dann musst du diese Zeilen ausfüllen.

Nun musst du nur noch deinen Vermieter das unterschreiben und abstempeln lassen. Und schon bist du fertig mit diesem Formblatt.

Bescheinigung zur Kranken- und Pflegeversicherung während der Dauer der Fortbildung

Hier ist es ganz einfach mit dem Ausfüllen. Du musst nur das Feld links neben der Überschrift mit der Anschrift der AFBG bewilligenden Stelle ausfüllen, sowie die erste Zeile unter der Überschrift mit deinen persönlichen Daten. Dann schickst du es zu deiner Krankenkasse und fertig bist du. Dort füllt man den Rest aus und schickt es entweder an dich zurück oder gleich an die AFBG bewilligende Stelle. In der Regel dauert die Bearbeitung ein bis zwei Wochen.

Adressen

Wir haben dir noch einmal alle Adressen zusammengestellt, wo du dein AFBG beantragen kannst.

79

Normalerweise kannst du AFBG bei allen **Ämtern für Ausbildungsförderung** (Stadt- oder Landkreis) beantragen. Das sind auch die Ämter, welche auch das BAFöG bewilligen. Die Adresse findest du in der Regel im Telefonbuch oder du gehst zu deinem Bürgerbüro, dort wird man dir weiter helfen.

Doch wie immer gibt es auch ein paar Ausnahmen und die haben wir dir aufgeführt:

Hamburg
Handwerkskammer Hamburg; Goetheallee 9, 22765 Hamburg
Tel.: 040 – 359050

Hessen
Ämter für Ausbildungsförderung bei den Studentenwerk; Adressen unter www.studentenwerke-hessen.de; doch auch bei den Bürgerbüros zu erfragen.

Niedersachsen und Bremen
Investitions- und Förderbank Niedersachsen GmbH (NBank)
Günther- Wagner- Allee 12 – 14; 30177 Hannover
Tel.: 0511 – 30031 – 0

Nordrhein- Westfalen
Bezirksregierung Köln; Dezernat 40 -Ausbildungsförderung- , Theaterplatz 14; 52062 Aachen
Tel.: 0241 – 45502

Sachsen
Handwerkskammern und Industrie- und
Handelskammern in Chemnitz, Dresden und Leipzig
für ihre jeweiligen Berufsbereiche
sowie das:
Sächsische Landesverwaltungsamt für
Ausbildungsförderung
Thüringer Weg 3; 09126 Chemnitz
Tel.: 0371 – 5628526

Schleswig - Holstein
Investitionsbank des Landes Schleswig – Holstein
Fleethörn 29 – 31; 24103 Kiel
Tel.: 0431 – 9905 – 0

Thüringen
Thüringer Landesverwaltungsamt
Weimarplatz 4; 99423 Weimar
Tel.: 0361 – 37737232 oder 0361 – 37737256

Grundsicherung

Oft reicht die mögliche Förderung nicht aus. Dann kannst du die Grundsicherung beantragen. Die erhältst du bei der Arbeitsgemeinschaft deines Landkreises. Das betrifft einen Mietzuschuss nach Hartz IV zu deinen Wohnkosten. Dabei wird der Mietzuschuss vom AFBG voll angerechnet. Wie du den Antrag auf Mietzuschuss ausfüllen musst, kannst du in unserem Buch „Arbeitslosengeld & Hartz IV" nachlesen

Begabtenförderung

Bei diesem Stipendium musst du keine Höchstleistungen mit einem Durchschnitt von 1,0 erbringen oder einen IQ von 160 haben. Das Begabtenförderungsprogramm ist eine Initiative des Bundesministeriums für Bildung und Forschung, um die Weiter- oder Fortbildung attraktiver zu gestalten. Es gelten die Verwaltungsvorschriften des § 44 der BHO (Bundeshaushaltsordnung).

Leider ist das Programm relativ unbekannt. Ein Grund mehr, dass wir es dir vorstellen. Schauen wir und doch mal die Voraussetzungen an.

Voraussetzungen

Wenn du folgende Bedingungen erfüllst, hast du gute Chancen das Stipendium zu bekommen:

➢ Du bist **Absolvent/in einer dualen Berufsausbildung** oder hast **ein Fachberuf im Gesundheitswesen** abgeschlossen. (Die duale Berufsausbildung ist die Ausbildung in einem Betrieb und in einer Berufsschule.) (ein bundesgesetzlich geregelter Fachberuf im Gesundheitswesen ist: Altenpfleger/in; Diätassistent/in; Ergotherapeut/in; Hebamme/ Entbindungspfleger; Gesundheits- und Kinderkrankenpfleger/in; Gesundheits- und Krankenpfleger/in; Logopäde/ Logopädin; Masseur/in und medizinische Bademeister/in; Medizinisch-technische/r Assistent/in für Funktionsdiagnostik; Medizinisch-technische/r Laboratoriumsassistent/in; Medizinisch- technische/r Radiologie-assistent/in; Medizinisch- technische/r Assistent/in für Veterinärmedizin; Ortho-petist/in; Pharmazeutisch- technische/r Assistent/in; Physiotherapeut/in; Podologe/ Podologin; Rettungsassistent)

➢ Deine **Qualifizierung** für das Stipendium kannst du durch folgende Nachweise erbringen:
   ✓ Das **Ergebnis deiner beruflichen Abschlussprüfung** muss mindestens 87 Punkte oder besser als „gut" (Durch-schnittsnote besser als 1,9) sein
   ✓ oder durch eine **besonders erfolgreiche Teilnahme** an einem überregionalen beruflichen Leistungswettbewerb.
   ✓ oder durch einen **begründeten Vorschlag eines Betriebes** oder der Berufsschule.

➢ Bei Beantragung darf dein **Alter nicht höher als 25 Jahre** sein. Eine Ausnahme ist hier

83

natürlich auch möglich, doch auch diese ist beschränkt auf drei Jahre. **Ausnahmen** können sein:
- ✓ **Zeiten des Mutterschutzes**
- ✓ **Elternzeiten**
- ✓ **Zeiten des Grundwehr- bzw. Zivildienstes**
- ✓ **Freiwilliges soziales Jahr**
- ✓ **Freiwilliges ökologisches Jahr**
- ✓ **Zeiten als Entwicklungshelfer**
- ✓ **Zeiten des Besuchs beruflicher Vollzeitschulen**
- ✓ **Bei einer schwerwiegenden Erkrankung von mehr als drei Monaten Dauer**

Tipp: Hast du einen nahen Familienangehörigen gepflegt und dieser hat eine **Pflegestufe**, dann solltest du trotzdem den Antrag stellen. In der Rentenversicherung werden Pflegezeiten anerkannt wie beim Arbeitslosengeld. Da man allgemein diese Pflegetätigkeit mit Elternzeiten bzw. freiwilligen sozialen Jahr gleichsetzt, sollte das hier auch möglich sein. Probiere es einfach aus. In der Testphase dieses Buches haben drei Personen mit eben dieser Begründung im Widerspruch das Stipendium erhalten.

➢ Die Weiterbildungsmaßnahme muss **auf deiner Ausbildung und deinem Beruf aufbauen**. Dabei muss es sich um eine Weiterbildung handeln, die fachbezogen und anspruchsvoll ist. Seit 2008 wird auch dein berufsbegleitendes Studium finanziert. Hier ein paar Beispiele, welche Maßnahmen gefördert werden:

o **Maßnahmen zum Erwerb fachbezogener beruflicher Qualifikationen** wie z. B. zu Themen wie Wundmanagement, Dekubitus, Schlaganfall, Mentorenausbildung, QM-Beauftragte/r, Manuelle Therapie, Manuelle Lymphdrainage, Sensorische Integration usw.

o **Fachweiterbildungen** wie z. B. Fachkrankenschwester Anästhesie/Intensiv, OP, Psychiatrie usw.

o **Seminare zum Erwerb fachübergreifender und sozialer Kompetenzen** wie z. B. Fremdsprachen, EDV, Rhetorik, Mitarbeiterführung, Konfliktmanagement

o **Berufsbegleitendes Studium** wie z. B. als Gesundheits- und Krankenschwester nimmst du ein Studium zum Pflegemanagement auf. Das ist förderungsfähig. Nicht gefördert werden, wenn deine Grundlage die Gesundheits- und Krankenschwester ist und du ein Biologiestudium aufnehmen willst (dafür kannst du BAFöG beantragen).

Tipp: Allgemein gilt: Die Förderungsfähigkeit hängt von der bewilligenden Stelle ab. Wir betonen in jedem unserer Bücher, dass jede Bewilligung einer Leistung eine Frage der Interpretation deiner

Argumente ist. So auch hier. Du bist beispielsweise Ergotherapeutin und benötigst für deine Spezialisierung als pädiatrische Ergotherapeutin eine Weiterbildung nach Bobath. Die ist teuer, in der Regel kostet diese Ausbildung zwischen 3000 bis 5000 Euro. Da wäre doch eine Finanzspritze in Form des Stipendiums etwas sehr Entlastendes für dich wie für deinen Arbeitgeber. Lass dir von deinem Arbeitgeber eine entsprechende Bescheinigung ausstellen, dass genau diese Ausbildung in der Praxis benötigt wird. So ein Schreiben dürfte dich der „Förderungsfähigkeit deines Lehrganges" ein ganz gewaltiges Stück näher bringen.

➢ Du musst **mindestens 15 Stunden** in der Woche arbeiten, denn das Stipendium wird nur für berufsbegleitende Weiterbildungen gezahlt. Geringfügig Beschäftigte erhalten keine Förderung.

➢ Du musst **berufstätig sein oder als arbeitsuchend** beim Arbeitsamt gemeldet sein.

➢ Deine Maßnahme darf noch **nicht begonnen** haben, die Förderung wird nicht im nach hinein oder anteilmäßig bezahlt. Das heißt, klug planen und vor Beginn der Maßnahme den Antrag stellen.

➢ Bist du im **Ausland ausgebildet** worden nach geltenden deutschen Ausbildungs- und Prüfungsvorschriften kannst du ebenfalls gefördert werden. Du musst dir das nur durch die IHK in Deutschland bestätigen lassen.

- **Intensivsprachkurse (mindestens 25 Wochenstunden Sprachunterricht) im muttersprachlichen Ausland** werden ebenfalls gefördert.

- Deine Staatsangehörigkeit spielt keine Rolle.

Nicht gefördert werden:

- **Weiterbildungen mit hohem Freizeitanteil**

- **Geringfügig Beschäftigte werden nicht gefördert.**

- Hast du **das Insolvenzverfahren bzw. das Sequestrationsverfahren** beantragt oder es an deinem Vermögen durchgeführt wird, kannst du nicht gefördert werden. Ebenso gilt dies, wenn du die **eidesstattliche Versicherung** nach § 807 ZPO oder nach § 284 Abgabenordnung abgeben musstest.

- Vollzeitstudiengänge zum Erwerb **akademischer Abschlüsse** (also ein Hochschulstudium)

- **Zweitausbildungen** sind nicht förderungsfähig.

- **Prüfungsgebühren** werden nicht gefördert.

- **Vorbereitungslehrgänge auf allgemein bildende Schulen** können ebenfalls nicht gefördert werden.

➢ Bildungsmaßnahmen, die zu den **betriebsüblichen Weiterbildungen** gehören werden nicht bezuschusst.

➢ Fachpraktika im Ausland bei einem **Tochterunternehmen deines Arbeitgebers** sind nicht förderungsfähig.

Höhe und Förderungsdauer

Über drei Jahre hinweg kannst du einen Zuschuss von **jährlich bis zu 1.700 Euro** erhalten. In drei Jahren also kannst du also einen maximalen Förderungsbetrag von 5.100 Euro bekommen. Dabei musst du beachten, dass du an den **förderungsfähigen Kosten einen einmaligen Eigenanteil von mindestens 20 % (höchstens 180 Euro)** tragen musst. Dabei wird aber nicht der Höchstbetrag von 5.100 Euro um den Eigenanteil gekürzt. Förderungsfähige Kosten sind Maßnahme-, Fahrt- und Aufenthaltskosten sowie notwendige Arbeitsmittel.

Maßnahmekosten: Maßnahmekosten werden in der tatsächlich entstehenden Höhe gefördert. Das können Teilnahmegebühren, Fahrtkosten, Aufenthaltskosten sowie **notwendige Arbeitsmittel** (wie besonderes Handwerkszeug, welches für die Ausbildung vorgesehen ist) sein. Voraussetzung hier ist, dass sonst eine Teilnahme an der Maßnahme nicht möglich ist. Das heißt, du als Ergotherapeutin hast eine Weiterbildung nach Bobath. Dabei entstehen dir Seminargebühren von insgesamt 3.000 Euro.

Diese 3.000 Euro sind förderungsfähig. Nicht förderfähig sind PC und Software.

Fahrkosten: Findet deine Weiterbildung außerhalb deines Wohnortes statt, dann werden die Kosten dafür zwar übernommen, doch jetzt brauchst du nicht gleich eine Luxuslimousine buchen. Die Höhe der Fahrkosten orientiert sich an der 2. Klasse der öffentlichen Verkehrsmittel. Auch diese Kosten musst du nachweisen, auch wenn du ein privates KFZ benutzt.

Aufenthaltskosten: Erfordert deine Weiterbildungsmaßnahme eine mehrtägige Abwesenheit von deinem Wohnort, dann wird pro Abwesenheitstag ein pauschales Tagegeld von 20 Euro wie eine Übernachtungspauschale von 20 Euro veranschlagt. Liegen die Übernachtungskosten höher und du kannst das nachweisen, so ist ein Höchstbetrag von 40 Euro förderungsfähig. **Aufgepasst!!** Bekommst du für diese Kosten bereits von anderer Stelle Unterstützung oder Zuschüsse, dann wird das auf deinen Förderungsbetrag angerechnet.

Verdienstausfall gehört nicht zu den förderfähigen Kosten, dieses Opfer musst du schon allein bringen.

Die **Förderungshöhe ist unabhängig** von deinen Einkommens- oder Vermögensverhältnissen und möglichen Unterhaltszahlungen.

Der jährliche Auszahlungsbetrag von 1.700 Euro kann in **begründeten Fällen überschritten** werden, jedoch nicht die maximale Gesamtförderungshöhe

von 5.100 Euro. Das heißt, du weist für das zweite Jahr deiner Maßnahme förderungsfähige Kosten von 2.000 Euro nach, dann kannst du diesen Betrag erhalten, wenn du gleichzeitig nachweisen kannst, dass du sonst deine Weiterbildung abbrechen müsstest. Dafür wird dir aber im dritten Jahr dein Auszahlungsbetrag von eigentlich 1.700 Euro um die mehr gezahlten 300 Euro gekürzt.
In der Regel wird dir aber alle **zwei Monate ein maximaler Betrag von 283 Euro** ausgezahlt.

Zuständige Stellen

Die Mittel für dieses Programm werden vom Bundesministerium für Bildung und Forschung bereitgestellt. Das ganze Förderungsprogramm wird von der Stiftung Begabtenförderungswerk geleitet. Ansprechpartner sind aber für die **berufliche Bildung** je nach Berufsausbildung:

> - **IHK (Industrie- u. Handelskammer)**
> - **Handwerkskammer**
> - **Ärztekammer**
> - **Zahnärztekammer**
> - **Tierärztekammer**
> - **Apothekerkammer**
> - **Rechtsanwaltskammer**
> - **Notarkammer**
> - **Steuerberaterkammer**
> - **Landwirtschaftskammer bzw. ein Landesministerium für Landwirtschaft**
> - **Einrichtung des öffentlichen Dienstes**

Tipp: Weißt du nicht, welche Kammer für dich zuständig ist, dann schaue auf deinem **Ausbildungszeugnis** nach. Dort findest du die Kammer oder Stelle, die für dich in der Berufsausbildung zuständig war und es nun auch jetzt ist. Hast du damit kein Glück, dann solltest du wissen, dass die Stiftung Begabtenförderung eine Abteilung „**berufliche Bildung**" hat und du kannst unter dieser Nummer Auskünfte erhalten:

(0228) 6293113 Frau Secusana

Weiter kannst du dich auch an:

(0228) 6293131 Herr Picado
(0228) 6293132 Herr Uebach
(0228) 6293133 Herr Unkelbach
(0228) 6293134 Frau Küpper

wenden.

Diese Sachbearbeiter sind zwar für die Interessenten der **Gesundheitsfachberufe zuständig,** beantworten aber sehr freundlich auch deine Fragen. Du kannst aber auch Kontakt aufnehmen über:

Stiftung Begabtenförderungswerk berufliche Bildung (SBB) Gemeinnützige Gesellschaft mbH, Lievelingsweg 102- 104, 53119 Bonn
Tel.:   0228/ 62931-0
Fax: 0228/ 62931-11
e-mail: info@begabtenfoerderung.de
Internet: www.begabtebfoerderung.de

Das sind zwar wieder ein Haufen Vorschriften und sehr viel Neuland, doch du solltest dir diese Art der Finanzierung deiner Weiterbildung überlegen, denn dieses Stipendium musst du bei einem erfolgreichen Abschluss nicht zurückzahlen.

Bewerbung

Für diese Art Finanzierung musst du dich bewerben. Keine Angst, du musst keine komplizierten Bewerbungsunterlagen einreichen. Den Ablauf der Bewerbung werden wir dir nun beschreiben.

Als erstes benötigst du das „Stammblatt für Stipendiaten/ Stipendiatinnen". Das erhältst du über die Kontakte, die wir dir unter „zuständige Stellen" bei der Stiftung Begabtenförderung vorgestellt haben. Dieses füllst du vollständig aus und reichst es mit den folgenden Unterlagen ein:

➢ **Kopie deines beruflichen Zeugnisses**, aus dem die Abschlussnoten (mündlich, schriftlich, praktisch) mit höchstens einem Notendurchschnitt von 1,9 hervorgehen,

➢ **Bescheinigung des** Arbeitgebers mit Angabe des Beschäftigungsbetriebes und deiner wöchentlichen Arbeitszeit (mindestens 15 Wochenstunden). Solltest du arbeitslos sein, dann benötigst du eine **Bescheinigung deiner Agentur für Arbeit**, dass du arbeitslos gemeldet bist und als Vollzeitkraft dem Arbeitsmarkt zur Verfügung stehst,

➢ **Der begründete Vorschlag deines Arbeitgebers oder deiner Schule**, wenn deine Noten nicht den Durchschnitt von 1,9 erreichen. Das ist eine Möglichkeit, die gern in Anspruch genommen wird, wenn deine Durchschnittsnoten über den geforderten 1,9 liegen. Trotzdem kann es sein, dass deine Leistungen für deine Schule oder deinen Arbeitgeber so hervorragend sind und sie deine Bewerbung befürworten. Dann müssen sie einen detaillierten Vorschlag einreichen. Dabei reichen normale Arbeitszeugnisse nicht aus. Die genauen Gründe, warum sie dich für das Stipendium vorschlagen, müssen aufgeführt sein.

Tipp: Sollte der **Vorschlag nicht von deinem Arbeitgeber** kommen, dann solltest du ihm das Stipendium schmackhaft machen. Immerhin spart ihm das auch Kosten und er bekommt einen qualifizierten Mitarbeiter mehr, ohne die Mehrkosten dafür tragen zu müssen.

Bei deiner Bewerbung musst du zwei Dinge beachten:
1. es gibt **unterschiedliche Auswahltermine**, bis wann deine Bewerbung vollständig vorliegen muss. Die Termine kannst du bei deiner zuständigen Stelle erfragen, denn jede Stelle hat andere Termine.

2. du musst **vor Beginn deiner Weiterbildung** den Antrag stellen und du musst deine Berufsausbildung beendet.

Fördervereinbarung:
Nehmen wir mal an, alles läuft bestens für dich und du bekommst das Stipendium, dann wird die

93

Stiftung mit dir eine **Fördervereinbarung** abschließen. Diese Fördervereinbarung wird dir zugeschickt und ist eine privatrechtliche Vereinbarung zwischen dir und der Stiftung.

Darin wird unter anderem festgehalten:
- ➢ **Zweck der Leistung** (ist doch klar, dass dir die Weiterbildung ermöglicht wird durch die Zahlung des Begabtenstipendiums)#

- ➢ **Umfang der zuwendungsfähigen Ausgaben** (hier wird zusammengefasst, welche Höhe deine Ausgaben haben, die förderungsfähig sind, also Maßnahmekosten etc.)

- ➢ **Art und Höhe der Leistungen** (Art der Leistungen ist das Stipendium und die Höhe setzt sich aus den Förderbeträgen zusammen, die dir zustehen.)

- ➢ **Eigenanteil der Stipendiatin / des Stipendiaten** (über deinen Eigenanteil haben wir bereits gesprochen, er wird nur einmalig erhoben und darf nur maximal 180 Euro betragen)

- ➢ **Zahlungsmodalitäten** (nun kommt einer der wichtigsten Abschnitte, dir wird mitgeteilt, wann die Förderbeträge und in welcher Höhe ausgezahlt werden)

- ➢ **Anerkennung der Gründe für einen Rücktritt von der Vereinbarung und der daraus folgenden Rückzahlungsverpflichtung einschließlich der Verzinsung**

94

durch den Stipendiat/ der Stipendiatin. (das heißt eigentlich nur, du bekommst eine Liste von Gründen für deinen Rücktritt vom Vertrag, diese musst du dir durchlesen und am Ende des Vertrags mit deiner Unterschrift anerkennen. Sollte das der Fall sein, dass einer der Gründe auf dich zutrifft, dann musst du das Geld, was du erhalten hast, mit Zinsen zurückzahlen.)

➢ **Verpflichtung, Änderungen in den der Förderung zugrunde liegenden Verhältnissen unverzüglich mitzuteilen sowie auf Anfrage sonstige für die Prüfung der Förderungsvoraussetzungen und die Prüfung der Verwendung der Mittel notwendig erscheinenden Unterlagen vorzulegen** (gehen wir Schritt für Schritt vor: Änderungen können zum Beispiel Veränderungen in deinen persönlichen Verhältnissen sein oder dass du zum Beispiel durch jemand anderen eine Kostenübernahme deiner Maßnahmekosten bekommst. Diese hast du sofort anzugeben. Der nächste Punkt betrifft deine Unterlagen über dich und deine Kosten, die du jeder Zeit für eine Überprüfung zur Verfügung stellen musst. Diese Anfrage wird schriftlich an dich gestellt und du musst innerhalb der Frist die Unterlagen erbringen. Dazu verpflichtest du dich mit deiner Unterschrift unter dem Vertrag.)

➢ **Verpflichtung, deine regelmäßige Teilnahme an deiner Maßnahme nach Beendigung derselben zu erbringen** (Wenn deine Maßnahme beendet ist, musst du einen Nachweis über deine regelmäßige Teilnahme an dem Lehrgang bei der Stiftung vorlegen. Diese Bescheinigung wird dir von der Schule oder dem Institut ausgestellt, bei dem du deinen Lehrgang absolviert hast.)

➢ **Verpflichtung, bei einer Förderung von Maßnahmekosten und/oder Fahr- und Aufenthaltskosten nach Abschluss der Maßnahme unverzüglich die erforderlichen Kostennachweise vorzulegen und eventuell zuviel gezahlte Beträge zurück zu zahlen.** (Nach dem Ende deiner Maßnahme musst du deine Nachweise über die entstandenen Kosten unaufgefordert der Stiftung vorlegen.)

Tipp: Erstens **hefte deine Quittungen und Belege** immer gleich ab und reiche sie nach einem Jahr schon ein. So sparst du dir das Suchen nach drei Jahren.

➢ **Erklärung, dass gegen dich und dein Vermögen kein Insolvenz- oder Sequestrationsverfahren vorliegt bzw. du keine eidesstattliche Versicherung abgegeben hast.** (das hatten wir dir schon unter Voraussetzungen erklärt.)

96

Rücktritts- und Ausschlussgründe

Die zuständige Stelle darf von dem Vertrag zurücktreten, du aber auch. Das kann aber für dich massive Nachteile haben, darum schauen wir uns dieses Kapitel genauer an. Erst einmal darf die zuständige Stelle nur bei einem wichtigen Grund vom Vertrag zurücktreten.

Ein wichtiger Grund kann sein:

> **Wenn eine Voraussetzung für den Abschluss der Vereinbarung nachträglich entfallen ist** (z. B. deine Arbeitszeit fällt unter 15 Stunden in der Woche, dann kann die Stiftung vom Vertrag zurücktreten.)
> **Wenn du unrichtige Angaben über erhebliche Tatsachen gemacht hast oder solche Tatsachen verschwiegen hast** (hast du z. B. verschwiegen, dass die Fahrkosten von deinem Arbeitgeber übernommen werden, dann kann die Stiftung den Vertrag dir kündigen und von dir die gezahlten Beträge inkl. Zinsen zurückfordern.)
> **Verwendest du die Leistungen nicht zweckentsprechend, ist das ein Grund für den Rücktritt** (da die Beträge für deine Maßnahme-, Fahr- oder Aufenthaltskosten gedacht sind, musst du sie auch dafür verwenden. Aufgepasst! Manchmal werden Auskünfte eingeholt, ob du deine Raten für die Maßnahme pünktlich bezahlst.)
> **Brichst du deine Maßnahme ohne einen gerechtfertigten Grund ab, dann musst du**

auch die Beträge zurückzahlen (ein gerechtfertigter Grund kann die Geburt eines Kindes und die Anspruchnahme der Elternzeit sein oder die Pflege eines nahen Familienangehörigen)

➤ **Wenn du dich nicht im ausreichenden Maße darum bemühst dein Maßnahmeziel zu erreichen** (angenommen du fehlst häufig unentschuldigt bzw. deine Aufgaben werden so schlecht bewertet, dass du kaum das Ziel der Förderung erreichen wirst, dann kann die Stiftung dir unterstellen, du bemühst dich nicht ausreichend, das Maßnahmeziel zu erreichen. In diesem Fall werden dir auch die Beträge entzogen und von dir zurückgefordert nebst Zinsen.)

➤ **Verstößt du gegen eine der Verpflichtungen aus deinem Vertrag, kannst du auch von der Leistung ausgeschlossen werden** (angenommen es werden von dir Papiere zwischenzeitlich angefordert und du reichst diese nicht innerhalb des geforderten Zeitraums ein, dann kann dir die Förderung gestrichen werden.)

Tipp: Von einem Rücktritt kann nur mit Einwilligung des BMBF **abgesehen** werden. Also heißt das für dich, du wendest dich bei einer Beschwerde gleich an das BMBF, da dies die übergeordnete Behörde ist.

Tipp: Es gibt die Möglichkeit, dass du erklärst, du bist aus **beruflichen oder gesundheitlichen**

98

Gründen nicht in der Lage die Weiterbildungs-maßnahme zu Ende zu führen. Dann brauchst du das bisher gezahlte Geld nicht zurückzuzahlen.

Erklärt die Stiftung den Rücktritt, dann hast du schlechte Karten, denn du musst die bereits an dich gezahlten Beträge mit Zinsen zurückzahlen und du wirst aus der Begabtenförderung ausgeschlossen, auch für die Zukunft.

Trotz der vielen Vorschriften ist die Begabtenförderung durchaus eine Möglichkeit, um einige gravierende Kosten der Weiterbildung aufzufangen und deshalb solltest du dir diese Möglichkeit überlegen.

Bildungsprämie

Die Bildungsprämie ist so neu, dass wir weder Anträge dazu erhalten konnten, noch nähere Informationen, da für die Umsetzung der Bildungsprämie erst andere Gesetze wie das Vermögensbildungsgesetz geändert werden müssen. Es ist nur lustig und bezeichnend für das Chaos in unserer Regierung, dass diese Art der Förderung der Weiterbildung bereits beschlossen ist und auch das Auslaufdatum des Versuchsmodells bekannt ist, nämlich 2013, aber wann diese Förderung beginnen soll, ist unbekannt. Da aber die Versuchsperiode 3 Jahre dauern soll, kannst du dir ausrechnen, dass spätestens 2010 die Förderung anlaufen muss.

Dennoch wir haben uns entschlossen, die wenigen Informationen dir zugänglich zu machen, damit du auf dem aktuellen Stand der Dinge bist.

Die Bildungsprämie ist deshalb so interessant, da sie für die unteren Einkommensschichten (zu versteuerndes Jahreseinkommen bei Alleinstehenden 17.900 Euro und bei Verheirateten 35.800 Euro – die Freibeträge für Kinder sind noch nicht bekannt) gedacht ist.

Doch schaut man genauer hin, ist diese Förderung wirklich minimal bei einmalig 154 Euro jährlich. Dazu muss ein Eigenanteil von ebenfalls 154 Euro im Jahr erbracht werden. Angesichts der vielen kleinkarierten Vorschriften und der diversen zu erbringenden Nachweise sowie dem immensen Zeitaufwand dürfte sich auch diese winzige Förderung nur als eine Arbeitsplatzbeschaffungsmaßnahme für unsere Beamten entpuppen.

Arbeitsentgeltzuschuss

Mit dem Arbeitsentgeltzuschuss soll die Arbeitslosigkeit **wegen mangelnder Qualifikation** vermieden werden. Der Arbeitsentgeltzuschuss wird deinem Arbeitgeber gezahlt, wenn du:

> ➤ **Keine Berufsausbildung hast und durch die Weiterbildung einen Berufsabschluss erwirbst**
bzw.

➢ **Von Arbeitslosigkeit bedroht bist und durch die Weiterbildung die Arbeitslosigkeit abgewendet wird, indem eine Teilqualifizierung erworben wird oder einen anerkannten Berufsabschluss. Das gilt auch seit 2006 für ältere Arbeitnehmer.**

Wichtig ist dabei, dass die **Weiterbildung bei einem bestehenden Arbeitsverhältnis durchgeführt** wird. Das heißt für dich, du musst deine Weiterbildung neben deiner Arbeit durchziehen.

Das wiederum kann bedeuten, dass du deine Arbeit nicht mehr im vollen Umfang ausführen kannst und es zu einer Einbuße bei deinem Lohn kommen kann. Um diese Einbuße aufzufangen, wird deinem Arbeitgeber dieser Arbeitsentgeltzuschuss gezahlt.

Dieser Zuschuss setzt sich aus dem **entgangenen Arbeitsentgelt inklusive der Sozialbeiträge zusammen** und ist vor Beginn der Weiterbildungsmaßnahme bei der Agentur für Arbeit zu beantragen. Dort erhält dein Arbeitgeber auch die benötigten Anträge.

Bildungsgutschein

Du kannst neben dem Arbeitsentgeltzuschuss aber noch den Bildungsgutschein von der Agentur für Arbeit erhalten, wenn du:

➢ **Eine an- oder ungelernte Tätigkeit ausführst,**
➢ **Keinen Berufsabschluss hast, aber bereits drei Jahre gearbeitet hast,**

101

Oder

➢ **über einen Berufsabschluss verfügst, aber seit mehr als vier Jahre nicht in deinem Beruf gearbeitet hast**

weitere Voraussetzungen:

➢ **das Weiterbildungsangebot muss von einem zugelassenen Anbieter sein**
➢ **der Abschluss muss ein anerkannter Berufsabschluss sein oder**
➢ **eine Teilqualifikation mit Zertifikation**

Sind diese Voraussetzungen bei dir erfüllt und hast du vor der Maßnahme bei der Agentur für Arbeit dich beraten lassen, dann erhältst du den Bildungsgutschein.

Der **Bildungsgutschein umfasst einen Teil der Lehrgangsgebühren** (manchmal werden auch die ganzen Lehrgangsgebühren übernommen) sowie einen **bestimmten Kostensatz für Fahrkosten oder Materialkosten wie eventuelle Übernachtungen**.

Wie alle Gutscheine hat auch der Bildungsgutschein eine **bestimmte Frist**, in welcher du den Gutschein eingelöst haben musst. Solltest du in dieser Frist kein geeignetes Weiterbildungsangebot gefunden haben, dann kann dir ein neuer Gutschein ausgestellt werden.

Hast du ein passendes Weiterbildungsangebot gefunden, dann musst du **vor Beginn der Maßnahme den Bildungsgutschein bei dem**

Weiterbildungsinstitut vorlegen, die sich wiederum mit der Agentur für Arbeit in Verbindung setzen und den Beginn der Weiterbildung bescheinigen, wie auch die staatliche Zulassung des Bildungsangebots.

Du musst darauf achten, dass **die Bedingungen des Bildungsgutscheins mit denen der Maßnahme übereinstimmen**. Sonst kann die Agentur für Arbeit die Kostenübernahme ablehnen.

Die Frage, ob du den Bildungsgutschein erhalten kannst, schließt auch mit ein, dass erwogen wird, ob du durch diese Weiterbildung Arbeitslosigkeit vermeiden kannst und sie deshalb notwendig ist oder ob du ohne diese Maßnahme ins Arbeitsleben wieder eingegliedert werden kannst. Das nutzen viele Agenturen, um dir deine Fragen zum Bildungsgutschein abschlägig zu beantworten. Mittlerweile kann man bei den vielen Absagen von einem Auslaufmodell des Bildungsgutscheins sprechen.

Immer häufiger geschieht es, dass die Agenturen gern aus Kostenersparnisgründen diese Möglichkeit der Weiterbildungsfinanzierung gar nicht erst erwähnen, oder dir wird auf die konkrete Frage einfach gesagt, dass dir das nicht zusteht. Gründe werden dir gar nicht erst genannt. Solltest du an solch einen Sachbearbeiter geraten, dann rufe dir ins Gedächtnis, dass auch dieser nette Mensch von deinen Steuergeldern nicht schlecht bezahlt wird und frage hartnäckig nach.

Weiterbildungsförderung von Älteren ab 45

Diese Förderung hat ihren Ursprung in der „Initiative 50 plus", daraus wurde dann „WeGebAU". Die Voraussetzungen hier sind folgende:

> ➤ **du musst bei Beginn der Weiterbildung das 45. Lebensjahr beendet haben**

> ➤ **die Firma, in der du arbeitest, darf nicht mehr als 250 Mitarbeiter haben,**

> ➤ **für deine Teilnahme an der Maßnahme musst du von deinem Arbeitgeber von deiner Tätigkeit freigestellt werden und somit einen Anspruch auf Lohnzahlungen haben.**

> ➤ **Die Weiterbildung darf nicht eine betriebsinterne Maßnahme sein** (also es werden beispielsweise keine allgemeinen Sicherheitslehrgänge gefördert, sondern z. B. ein Lehrgang über SAP- Software. Das heißt, es muss sich um eine Weiterbildung handeln, die über normale Lehrgänge hinaus geht, mit mindestens einem staatlichen Zertifikat versehen ist, nicht in deiner Firma statt findet, sondern durch ein anderes anerkanntes Institut durchgeführt wird. Im Vordergrund steht die Weiterentwicklung auf den neustens Stand des Wissens.)

Der Zuschuss wird für die **gesamten Lehrgangskosten** durch die Agentur für Arbeit gezahlt. Im besonderen Einzelfall werden **auch Fahr- und/oder Unterkunftskosten** übernommen. Beantragen musst du diese Förderung vor Beginn der Maßnahme bei deiner Agentur für Arbeit.

Mit dieser Förderung sollen qualifikationsbedingte Kündigungen vermieden werden und die Beschäftigungsfähigkeit älterer Arbeitnehmer erhalten werden. Und genau das ist der Schlüssel zu deiner Argumentation, sollte man bei der Agentur für Arbeit versuchen, deinen Antrag auf die Förderung abzuschmettern. Am besten lässt du dir ein Schreiben deines Arbeitgebers ausstellen, aus dem eine eventuelle Kündigung hervorgeht, wenn du diese Weiterbildung nicht aufnehmen kannst. Sollte dein Sachbearbeiter weiterhin uneinsichtig bleiben, kein Problem. Rede einfach mit dem Vorgesetzten deines Sachbearbeiters. Das hilft ungemein.

Tipp: Was kaum jemand weiß, die **Kosten für die Kinderbetreuung (monatlich 130 Euro)** während des Lehrgangs sowie die Kosten für einen eventuell **nötigen Eignungstest** für die Weiterbildung werden durch die Agentur für Arbeit ebenfalls übernommen.

Tipp: **Kosten für Prüfungsstücke und Prüfungsgebühren** werden ebenfalls von der Agentur für Arbeit übernommen.

Tipp: **Notwendige Lernmittel** werden dir auch erstattet. Darunter zählen auch Arbeitsbekleidung und Bücher.

Tipp: Deine **Kosten für die auswärtige Unterbringung** bekommst du auch zum Teil erstattet. Für die **Unterbringung** kannst du **pro Tag bis zu 31 Euro** (Maximal im Monat 340 Euro) erhalten. Für die **Verpflegung** stehen dir **pro Tag bis zu 18 Euro** (maximal im Monat 136 Euro) zu.

Tipp: Deine **Fahrkosten** werden dir unter bestimmten Voraussetzungen ersetzt. Fahrkosten werden übernommen für **Fahrten zwischen deiner Wohnung und der Bildungsstätte (Pendlerfahrten bis maximal 476 Euro)**. Bist du auswärtig untergebracht, dann bekommst du die **Fahrkosten für An-, Abfahrt und einer monatlichen Heimfahrt (dabei kann es sich auch um eine Fahrt zu deinem Arbeitgeber handeln)** erstattet. Dabei orientiert man sich an der **kürzesten Fahrstrecke sowie an der 2. Klasse der Öffentlichen Verkehrsmittel und dem günstigsten Ticket.** Die so errechnete Entfernungspauschale wird unabhängig von dem Fahrzeug, das du benutzt, gezahlt. In der Regel zahlt man dir für die **ersten 10 km 0,36 Euro** pro vollen Kilometer, für jeden **weiteren vollen Kilometer ab 10 km werden dir 0,40 Euro** gezahlt. Das heißt deine Strecke beträgt 20 km hin und 20 km zurück. Berechnet wird aber nur die einfache Strecke, also meistens die Hinfahrt. Für die ersten 10 km bekommst du 10 x 0,36 = 3,60 Euro, für die nächsten 10 km (10 x 0,40 = 4,00 Euro) erhältst du 4 Euro. Zusammen sind das 7,60 Euro. Nun kommt es darauf an, wie oft du die Strecke fährst im Monat. Nehmen wir mal an, du legst diese Strecke an 10 Tagen im Monat zurück, also erhältst du eine Entfernungspauschale von 76 Euro. Aber egal welche Summe bei der Entfernungspauschale tatsächlich zusammen kommt, alles, was höher als der Maximalbetrag von 476 Euro ist, trägst du selbst.

Tipp: **Arbeitslosengeld** wird dir während dieser Zeit weiter gezahlt. Deinen **Angehörigen** steht in dieser Zeit deiner Weiterbildung der **Regelsatz nach Hartz IV** zu. Nach Beendigung der Maßnahme stehen dir noch einmal **30 Tage Arbeitslosengeld** zu, egal, ob du schon aus dem Bezug des Arbeitslosengeldes heraus sein müsstest.

Tipp: Die Leistungen der Agentur für Arbeit stehen dir bei fortdauernder Hilfebedürftigkeit zu. Dann müssen diese Leistungen erbracht werden (**Muss-Bestimmung**). Bist du über dem Regelsatz, der bei fortdauernder Hilfebedürftigkeit erbracht wird, mit nur 1 Euro Mehreinkommen verändert sich diese Bestimmung zu einer **Kann- Bestimmung**. Das heißt, die Leistung kann erbracht werden, muss aber nicht. Also das Amt hat es in der Hand, dir diese Leistungen zu gewähren.

Tipp: Stelle deine Anträge zu Anfang des Jahres. Da sind die Haushaltstöpfe noch voll und du hast gute Aussichten auf die Bewilligung deiner beantragten Leistung.

Tipp: Diese Leistungen zur Weiterbildung kannst du auch als **zinsloses Darlehen** formlos bei der Agentur für Arbeit beantragen. Dazu reicht ein einfaches Schreiben aus, in welchem steht, dass du Leistungen zur Weiterbildung als zinsloses

Darlehen beantragst. Darauf wird man sich mit dir in Verbindung setzen.

Anträge für Weiterbildungsleistung der Agentur für Arbeit

Wie immer gibt es bei den Weiterbildungsleistungen der Agentur für Arbeit auch wieder Anträge, mit denen man dir den Zugang zu den Leistungen erschweren möchte. Hast du so einen Antrag vor dir liegen, dann brauchst du dir keine grauen Haare wachsen lassen.

Wir haben alle Anträge, die unter http://www.arbeitsagentur.de/nn_26646/Navigation/ zentral/Formulare/Buerger/Weiterbildung/Weiterbild ung-Nav.html zu finden waren, für dich in unserer bewährten Schritt- für- Schritt- Methode erklärt.

Fragebogen für Teilnehmerinnen und Teilnehmer an beruflichen Weiterbildungs- maßnahmen

Diesen Fragebogen erhältst du in der Regel **während oder nach** deiner Weiterbildungs- maßnahme. Hier geht es zum einen um eine **Beurteilung des Lehrganges und der Bildungsstätte wie der Ausstattung und der Zusammensetzungen der Lehrgänge und des Lehrstoffs**. Doch gleichzeitig kann man aus dem Bogen auch ableiten, wie oft du da warst, wie du im Unterricht mitarbeitest usw.

108

Wir empfehlen dir, diesen Fragebogen **unbedingt ehrlich** auszufüllen. Regelmäßig werden diese Fragenbogen statistisch ausgewertet und davon hängt die Zulassung des Lehrgangs oder des Bildungsinstituts bei der Agentur für Arbeit ab. Wie in der Schule kannst du Noten **von 1 (sehr gut) bis 6 (ungenügend)** vergeben. Das ist doch auch mal schön, wenn die Rollen vertauscht werden und du beurteilen musst.

Schauen wir uns den Fragebogen mal an:

Fragebogen

Zuerst musst du die **Bezeichnung deiner Weiterbildungsmaßnahme** eintragen. Dann möchte man von dir wissen, bei welchem **Bildungsträger bzw. – einrichtung** du deinen Lehrgang absolviert hast. Du hast eine **Maßnahme – Nummer** bekommen, die musst du nun als nächstes eintragen.

Jetzt wird dir erzählt, dass der Fragebogen zur Verbesserung der Bildungsmaßnahmen benötigt wird und du mit diesem kleinen Fragebogen deinen Beitrag zur Qualitätsverbesserung der Maßnahmen leistest.

Block A: Beurteilung der Bildungsstätte
Jetzt sollst du die Bildungsstätte beurteilen. Dazu sind verschiedene Punkte aufgeführt. So wird nach dem **Zustand der Räume, nach der Ausstattung und Betreuung durch die Mitarbeiter der Bildungsstätte** gefragt.

Block B: Beurteilung von Organisation, Materialien, Gruppenzusammensetzung und Praktikum
Hier geht es um die **Lehrinhalte, Organisation** (wie Stundenpläne usw.), **Ausstattung von Lehrmitteln** (Arbeitskleidung, Lehrbüchern etc.), **Gruppenzusammensetzung** (in jeder Gruppe gibt es Außenseiter, das sollte kein Grund für dich sein negativ zu bewerten. Versuche deine Gruppe als ganzes zu

sehen), **Hilfe durch deine Lehrkräfte bei deiner Stellensuche**. Hast du ein Praktikum in einem Betrieb während der Maßnahme absolviert, dann musst du in den nächsten Zeilen weiterbewerten. Dort ist die **Organisation und die Bedingungen wie Inhalte und Durchführung des Praktikums** gefragt. Wurde dir z. B. bei der Praktikumssuche geholfen und wie war die Abstimmung zwischen Theorie und Praxis, war also das Praktikum passend zu den vermittelten Lehrstoff.

Block C: Beurteilung des Unterrichts/ der Unterweisung durch die Ausbilder/innen und Lehrkräfte
Entweder kannst du jetzt richtig Rache nehmen, wenn dich ein Lehrer deiner Meinung nach ungerecht benotet hat oder du gehst sachlich zu Werke und benotest jetzt die fachliche Eignung der Lehrkräfte (warst du schlauer und wusstest du mehr als die Lehrkräfte, dann solltest du getrost eine 6 geben), **in welcher Form und wie gut wurde der Lehrstoff** dir vermittelt, hat dich **die Menge des Lehrstoffes** überfordert oder war die Menge zu bewältigen, wurden **verschiedene Medien** (wie Filme, Dias, Unterrichtsfolien usw.) verwendet. Mit **Lernerfolgskontrollen und ihrer Häufigkeit** sind die geschriebenen Klassenarbeiten usw. gemeint. Die **Qualität dieser Kontrollen** musst du als nächstes bewerten (mit Qualität ist beispielsweise gemeint, wie der Bezug zum Lehrstoff gewesen ist. Es gibt ja auch Kontrollen, da weißt du gar nicht, was eigentlich gemeint ist, da die Fragen so kompliziert gestellt sind.). Sind deine **Ausbilder/innen auf dich eingegangen**, zum Beispiel wenn du etwas nicht verstanden hast, ist eine der folgenden Fragen. Du musst auch beantworten, ob das **Arbeits-, Lerntempo** für dich in Ordnung war oder hat man ohne Rücksicht auf Verluste, den Lehrstoff durchgezogen? Daraus leitet sich die Frage nach der **Höhe der Anforderungen** ab (hast du den Lehrgang als zu schwer empfunden, dann musst du eine 6 geben).

Block D: Gesamtbeurteilung
Nun musst du **zusammenfassend dem Lehrgang** eine Note geben. Bist du dir unsicher, dann schau dir an, welche Noten du bisher vergeben hast und bilde daraus eine Durchschnittsnote. Außerdem sollst du einschätzen, ob der Lehrgang deine Eingliederungschancen auf dem Arbeitsmarkt verbessert hat. (Hast du den Lehrgang gut abgeschlossen, dann dürften deine Chancen einen neuen Job zu finden, wesentlich besser sein.)

Dann kommen noch ein paar Zeilen, in denen du aufgefordert wirst, zu beschreiben, was **dir besonders gut gefällt oder nicht und was man verändern könnte**. Fällt dir nichts dazu ein, dann lasse diese Zeilen frei. Und vergiss nicht anzukreuzen, ob du den **Lehrgang noch einmal besuchen würdest oder nicht**.

Damit hast du das Formular geschafft und du kannst dich deinen Bewerbungen zuwenden. Wir wünschen dir viel Glück.

Erklärung zum Antrag auf Arbeitsentgeltzuschuss für Ungelernte

Diesen Antrag bekommst du:

> ➤ wenn du keinen Beruf erlernt hast,
> ➤ in deinem Beruf keine Chance auf dem Arbeitsmarkt hast (z. B. und das weiß kaum jemand, durch schlechte Abschlussnoten)
> ➤ bzw. seit 4 Jahren nicht mehr in deinem Beruf gearbeitet hast

und nun an einer Weiterbildungsmaßnahme teilnehmen willst. Stellt dich dein Arbeitgeber für die Zeit der Weiterbildung frei, dann bekommst du bzw. dein Arbeitgeber diese freigestellte Zeit vom Arbeitsamt bezahlt. Dazu muss dein Arbeitgeber einen Antrag auf Arbeitsentgeltzuschuss stellen, als notwendige Anlage ist dieser kurze Antrag gedacht und den kannst du schnell ausfüllen.

Antrag

Ich _____**(Name/Vorname)**_____
(Geburtsdatum):
Hier musst du deinen Namen, deinen Vornamen und dein Geburtsdatum eintragen.

bin Arbeitnehmer/in der Fa.:
Mit Fa. ist deine Firma gemeint, in welcher du beschäftigt bist. Also trage den **vollständigen Namen der Firma** ein, sowie **die Anschrift** und in der Zeile darunter deine **Tätigkeitsbezeichnung,** also welchen Beruf du dort ausübst (diese Daten kannst du deinem Arbeitsvertrag entnehmen).

Ich habe:
- o **bisher keinen Berufsabschluss erworben**
- o **einen Berufsabschluss als** _____**(Berufsbezeichnung) erworben am** _____**(Datum des Zeugnisses)**
- o **in meinem erlernten Beruf mehr als vier Jahre nicht mehr gearbeitet**

Hier musst du nun ankreuzen, welche der Möglichkeiten auf dich zutrifft, weshalb du diesen Arbeitsentgeltzuschuss beantragst. Dann möchte man genaueres zu deiner Weiterbildungsmaßnahme wissen, wie:
- o **Maßnahmeziel /-bezeichnung** (Das Ziel wird dein Berufsabschluss sein bzw. du hast eine Bezeichnung für die Weiterbildung, die du deinen Unterlagen zur Weiterbildung entnimmst.
- o **Maßnahmeträger** (ist das Institut bzw. Bildungsstätte, bei der du deinen Lehrgang besuchen wirst, auch das steht in deinen Unterlagen)
- o **Geplanter Beginn** (ist der erste Tag deiner Maßnahme)

112

Nun kommt eine komplizierte Belehrung, die eigentlich nur bedeutet, dass dein Arbeitgeber den Arbeitsentgeltzuschuss für die frei gestellte Zeit deiner Maßnahme bekommt und du diesen Zuschuss ausgezahlt bekommst. Dafür musst du deinen Arbeitgeber sofort unterrichten, wenn du die Weiterbildung nicht antrittst oder vorzeitig abbrichst. Das unterschreibst du mit Datum und gibst es entweder bei deinem Arbeitgeber oder bei der Agentur für Arbeit ab, die dich betreut.

Erklärung zur Gewährung von Arbeitsentgeltzuschuss für die Weiterbildung Beschäftigter

Dieses Formular erhältst du, wenn dein Arbeitgeber den Arbeitsentgeltzuschuss für Beschäftigte für die Zeit deiner Maßnahme beantragt hat. Dann solltest du diese Erklärung schnellstens mit deiner Firma ausfüllen und innerhalb der vorgegebenen Frist einreichen, sonst fehlt dir beim nächsten Zahltag eine Menge Geld unter Umständen bei deinem Gehalt.

In den meisten Fällen wird dieses Formular durch die Firma ausgefüllt und dir nur noch zur Unterschrift vorgelegt. Trotzdem solltest du wissen, was in den Formularen drin steht und das werden wir dir jetzt erklären.

Antrag

1. Unter der Überschrift wird nach deinen persönlichen Daten wie **Name, Vorname und Geburtsdatum** gefragt. Denn der Arbeitnehmer bist du ja in diesem Fall.

2. Nun wird nach deinem **Beschäftigungsverhältnis** gefragt. Ob es aufgelöst wurde (z. B. durch Kündigung), dann musst du den letzten Arbeitstag eintragen sowie wer von euch das Arbeitsverhältnis beendet hat, oder ob dein Arbeitsverhältnis noch besteht. Kreuzt du letzteres an, dann kannst du gleich mit Punkt 3 fortfahren. Ansonsten musst du die Gründe für die Beendigung des Arbeitsverhältnisses eintragen.

3. Hat sich dein **Arbeitsentgelt** (Lohn) in den letzten 12 Monaten verändert (z. B. durch eine Lohnerhöhung), dann musst du das hier eintragen. Dabei kommt es auf den Zeitraum an, die Höhe des Arbeitsentgelts und die Gründe dafür. Hat sich nichts verändert, so kreuze „nicht verändert" an und gehe zu Punkt 4 weiter.

4. War die **Zahlung des regelmäßigen Arbeitsentgelts** die letzten 12 Monate unterbrochen, sei es weil du unbezahlten Urlaub hattest oder krank warst, dann gehört der Zeitraum und die Gründe hier hinein. Sonst musst du nur „nicht unterbrochen" ankreuzen und kannst zu Punkt 5 übergehen.

5. Hast du deine **Maßnahme bisher planmäßig** besucht, dann kreuze dies entsprechend an. Wenn du aber die Maßnahme abgebrochen hast, dann gehört dein Kreuz ins untere Kästchen samt dem Datum, ab wann du mit der Maßnahme aufgehört hast. Hast du mit der Maßnahme noch gar nicht begonnen, dann lasse beides frei.

6. Im **Raum für weitere Mitteilungen** kannst du zum Beispiel eine zeitweise Unterbrechung wegen Elternzeit, Krankheit oder Pflege naher Angehöriger eintragen. In diesem Fall wird der Arbeitsentgeltzuschuss für eine gewisse Zeit ausgesetzt, wenn du nachweisen kannst, dass du deine Maßnahme dann wieder aufnimmst.

Das bestätigst du mit **Ort, Datum und deiner Unterschrift** und deine **Firma** ebenfalls und schon bist du fertig.

Veränderungsmitteilung

Veränderungen während der Weiterbildungsmaßnahme in deinen persönlichen Verhältnissen musst du umgehend der Agentur für Arbeit mitzuteilen. Dafür ist dieses Formular vorgesehen. **Aufgepasst!** Jede Veränderung, die du darin mitteilst, musst du auch nachweisen. Also schauen wir uns mal dieses Formular genauer an.

Links unter der Überschrift trägst du deinen **Namen und deine Anschrift** ein.

Rechts füllst du nur **deine Kunden- Nummer und dein Geburtsdatum** aus.

Dann musst du die **Maßnahmenummer, Maßnahmebezeichnung und den Beginn deiner Maßnahme** eintragen.

Nun kannst du ankreuzen, welche Veränderung auf dich zutrifft:

- o **Ich bin ab _____Datum** (linke Seite)**:**
  - - **arbeitsunfähig erkrankt**
  - - **weiterhin arbeitsunfähig erkrankt**
  - - **wieder arbeitsfähig**
  - - **meine Arbeitsunfähigkeit ist durch einen Unfall verursacht**

- o **Ich nehme an der oben genannten Maßnahme wieder teil ab _____Datum**

  Diesen Block füllst du aus, wenn du länger als 3 Tage krankgeschrieben wurdest und weißt du schon, ab wann du wieder gesund bist und an der Maßnahme teilnehmen kannst, so trage dies hier ein. Vergiss nicht die ärztliche Bescheinigung (Krank- oder Gesundschreibung) als Kopie dem Formular beizulegen.

- o **Die Änderungen beziehen sich auch auf das Kindergeld** (rechte Seite):
Solltest du z. B. Nachwuchs bekommen haben, Herzlichen Glückwunsch, dann kreuze dieses Kästchen an und gib die Kindergeldnummer an.

Nun kommt ein Block mit allgemeinen Veränderungen wie:
- o **Umzug am**
Hier trägst du das Datum deines Umzugs ein wie deine neue Anschrift und deine Telefonnummer.

- o **Mein Konto hat sich verändert**
Nimm deine Bankkarte zur Hand und teile deine Bankleitzahl (BLZ), deine Kontonummer und den Namen der Bank mit.

- o **An der Maßnahme nehme ich nicht mehr teil**
Gib den Grund sowie den letzten Unterrichtstag an.

- o **Die Teilnahme an der Maßnahme wird/wurde unterbrochen**
Unterbrichst du deine Maßnahme z. B. wegen Elternzeit, dann musst du den Grund, den ersten und den letzten Fehltag angeben. Sollte sich durch deine Arbeitsaufnahme deine Krankenkasse verändert haben, dann kreuze „ja" an und teile die neue Krankenkasse mit Namen und Ort mit.

- o **Die Maßnahmekosten ändern sich wie folgt ab:**
Verändern sich die Maßnahmekosten, sei es durch eine unerwartete Erhöhung der Fahrkosten, usw., dann trage hier das Datum, ab wann sich deine Kosten verändern ein. Dir wird dabei zur Auswahl gestellt, ob sich die Entfernung zur Schule /Maßnahmeträger verändert hat oder deine anderen möglichen Kosten (hier musst du ebenfalls Art, Höhe und Datum angeben). **Aufgepasst!** Bei diesem Punkt geht das Amt immer von einer Unterbrechung deiner Maßnahme aus. Sollte dies nicht

116

auf dich zutreffen, sondern die Maßnahmekosten haben sich beispielsweise durch einen Umzug verändert, dann kreuze „**Umzug**" und „**sonstige Änderung**" an und trage deine Daten unter diesen Punkten entsprechend ein.

o **Sonstige Änderung**
Im oberen Punkt haben wir dir bereits erklärt, wie du eine sonstige Änderung angeben kannst. Nun werden wir dir aufführen, was du alles melden musst, sollte sich in diesem Bereich etwas verändern. Veränderungen musst du melden bei:

➢ Wenn du aus einem früheren Arbeitsverhältnis noch **Arbeitsentgelt oder Urlaubsabgeltung** bekommst

➢ **Jegliches Einkommen**, dass du aus einer unselbständigen (also als Angestellter) oder aus einer selbständigen Tätigkeit (z. B. aus einem Gewerbe oder als Buchautor). Dabei ist es egal, ob du diese Tätigkeit haupt- oder nebenberuflich ausübst, wie hoch dein Einkommen und der zeitliche Aufwand ist.

➢ Erhältst du **Leistungen auf Grund deiner Teilnahme an der Maßnahme**, so musst du diese angeben, auch wenn sie dir von deinem früheren Arbeitgeber zustehen

➢ **Mutterschaftsgeld, Renten aller Art, Übergangsgeld oder ähnliche Leistungen** musst du der Agentur für Arbeit mitteilen, sobald du diese beantragst bzw. spätestens wenn du diese erhältst.

➢ **Änderungen der Steuerklasse** musst du mitteilen. Überlege dir so etwas sehr gut, meistens hat das negative Folgen, da beispielsweise ein Steuerklassenwechsel zwischen Ehegatten lukrativ aussieht und sich

117

dann als Flop entpuppt. Also gehe zu deinem Lohnsteuerhilfeverein und lasse alles genau durchrechnen.

➢ **Eine Änderung des letzten Prüfungstages** musst du auch mitteilen, dadurch könnte sich für dich eine Verlängerung des Bezugszeitraumes ergeben.

➢ **Hat sich deine Kinderanzahl verändert,** dann kannst du einen anderen Leistungssatz erhalten, also melde das rasch und vergiss nicht den Punkt anzukreuzen oben rechts, der sich auf das Kindergeld bezieht.

➢ **Lebst du von deinem Ehegatten (oder Partner einer eingetragenen Lebensgemeinschaft) getrennt oder ihr habt euch scheiden lassen,** so ist das auch mitteilungspflichtig

➢ **Wenn du an einer Wehrübung teilnehmen musst,** auch das gibt es noch und auch dieser Fall ist meldepflichtig.

➢ **Legst du andere Wegstrecken zurück,** weil sich beispielsweise der Ausbildungsort verändert hat, dann solltest du das unbedingt angeben.

➢ **Entfällt für deine Kinder die Kinderbetreuungskosten,** dann musst du das mitteilen.

➢ **Und zu guter Letzt: Erhältst du Leistungen zu deiner Weiterbildung von anderen Personen oder Institutionen, so musst du das unverzüglich melden.**

Nun unterschreibst du das Formular mit Datum und legst die Nachweise in Kopie bei und kannst dann alles bei der zuständigen Agentur für Arbeit abgeben.

Sonstige Formulare

Es gibt weitere Formulare, die du aber nicht ausfüllen musst, sondern nur abgeben brauchst. Wir haben sie dir aufgelistet, damit du weißt, was darin steht und wo du sie hinbringen musst.

- ✓ **Anmeldebescheinigung des Maßnahmeträgers zur Vorlage bei der Agentur für Arbeit –** dieses Formular solltest du dir eventuell gleich aushändigen lassen und bei deinem Bildungs- oder Maßnahmeträger (also dem Veranstalter deiner Weiterbildung) abgeben. Hier geht es um die Bestätigung, dass dieser Lehrgang tatsächlich stattfindet und du wirklich daran teilnimmst. Am besten trägst du ganz **oben links schon deine Daten** ein, das vereinfacht alles sehr.

- ✓ **Trägerbescheinigung zum Antrag auf Arbeitsentgeltzuschuss-** das ist ebenfalls ein Formular, welches du bei dem Maßnahme- oder Bildungsträger vorlegen musst. Hier werden die Einzelheiten zu deiner Maßnahme noch einmal abgefragt. Auch bei diesem Formular empfehlen wir dir, schon deinen Namen, Vornamen wie dein Geburtsdatum einzutragen. Den Rest füllt dein Weiterbildungsträger aus.

- ✓ **Kurzfragebogen für eine Weiterbildungsmaßnahme, die von einer fachkundigen Stelle zugelassen wurde-** dieses Formular wird direkt an die

Bildungseinrichtung gesandt, wenn du einen Bildungsgutschein erhalten hast. Darin werden Kapazität, Maßnahmeabschnitte bzw. Module, Lehrgangskosten wie Unterrichtszeiten erfragt.

✓ **Bescheinigung über Arbeitgeber-/Trägerleistungen-** auch hier trage deinen Namen, deine Adresse wie deine Kundennummer schon ein und dann musst du dieses Formular entweder bei deinem Arbeitgeber oder bei deinem Bildungs-/ Maßnahmeträger abgeben. Hier geht es um dein Arbeitsentgelt (Lohn), damit dir der Ausfall durch die Teilnahme an der Weiterbildung gezahlt wird (Arbeitsentgeltzuschuss).

Aufstiegsstipendium

Ausgerechnet Deutschland, das Land, welches einst führend war in Forschung und bei der Ausbildung von Fachkräften, hat nun durch rigorose Beschneidung von Fördergeldern und einer verfehlten Bildungspolitik einen nie da gewesenen Fachkräftemangel. Diesen versucht man nun durch ausländische Fachkräfte zu begegnen und in dem die Regierung die akademische Weiterbildung im Inland attraktiver wie durch das Aufstiegsstipendium gestaltet. Dabei ist das Aufstiegsstipendium nicht zu verwechseln mit der Aufstiegsfortbildungsförderung (Meister- BAFöG).

Das Aufstiegsstipendium wurde vom Bundesministerium für Bildung und Forschung ins Leben gerufen. Ansprechpartner ist hier wie bei der Begabtenförderung:

**Stiftung Begabtenförderungswerk
berufliche Bildung gGmbH (SBB)
Lievelingsweg 102–104
53119 Bonn
Email**: info@aufstiegsstipendium.info
sowie unter
www.aufstieg-durch-bildung.info

Das Aufstiegsstipendium wird für **ein Hochschulerststudium** (als Weiterbildung) gezahlt und ist relativ unbekannt. Ein Grund mehr für uns, um dir diese Möglichkeit vorzustellen.

Voraussetzungen

Der Name des Stipendiums ist irreführend, bezeichnender ist der Name des Ansprechpartners (Begabten-Förderung) für die Voraussetzungen. Doch schauen wir uns die Vergabevoraussetzungen genauer an:

➢ Du musst eine **abgeschlossene Berufsausbildung** haben.

➢ Du verfügst über **mindestens 2 Jahre Berufserfahrungen**.

➢ Deine **Berufsausbildung oder deine Aufstiegsfortbildungsprüfung** solltest du **besonders erfolgreich absolviert** haben. Das

121

kannst du nachweisen durch einen **Noten-durchschnitt von 1,9** bzw. mit **mindestens 87 erreichten Punkten** oder durch die **erfolgreiche Teilnahme an einem bundesweiten beruflichen Leistungs-wettbewerb** (hier gelten die ersten 10 Plätze als erfolgreiche Teilnahme). Eine weitere Möglichkeit um deine Begabung nachzuweisen ist der **begründete Vorschlag deines Aus-bildungsbetriebs oder deiner Ausbilder**. (Es kann ja sein, dass deine Leistungen für deine Schule oder deinen Arbeitgeber so hervor-ragend sind und sie deine Bewerbung befür-worten. Dann müssen sie einen detaillierten Vorschlag einreichen. Dabei reichen normale Arbeitszeugnisse nicht aus. Die genauen Gründe, warum sie dich für das Stipendium vorschlagen, müssen aufgeführt sein).

➢ Dein **Studium muss auf deiner Berufsaus-bildung aufbauen** und dein **Erststudium an einer Hochschule oder Universität sein**.

➢ Das Studium muss ein **Vollzeitstudium** (hier darfst du keinen Beruf ausüben, nicht einmal stundenweise) **oder ein berufsbegleitendes Studium** sein.

➢ Bei einem **Vollzeitstudium ist das Stipen-dium einkommensunabhängig!** Das heißt, du musst keine Einkommensnachweise vorlegen.

➢ Du solltest deine **Zugangsberechtigung** an einer staatlichen Hochschule/ Universität durch

122

z. B. eine **Eignungs- oder Begabtenprüfung** erlangt haben. (Zwingend erforderlich ist das nicht! Es wäre nur wünschenswert.)

➢ Es gibt hier **keine Altergrenze**!!! Du kannst also bei der Beantragung 14 oder 80 Jahre alt sein, das ist keine Voraussetzung.

➢ Bei **Beantragung des Stipendiums darf das 2. Semester noch nicht beendet** sein!

Höhe und Förderungsdauer

Bei einem **Vollzeitstudium** (für die Dauer des normalen Regelstudienzeitraums) beträgt:

der monatliche Grundbetrag 650 Euro sowie ein Büchergeld von 85 Euro

Betreuungspauschale für Kinder, die das 10. Lebensjahr noch nicht vollendet haben:

Für das erste Kind 113 Euro Jedes weitere Kind   85 Euro

Für ein **berufsbegleitendes Studium** erhältst du eine **jährliche Pauschale bis zu 1.700 Euro für deine Maßnahmekosten**

(Maßnahmekosten werden in der tatsächlich entstehenden Höhe gefördert. Das können Teilnahmegebühren, Fahrtkosten, Aufenthalts- kosten sowie **notwendige Arbeitsmittel** wie besonderes Handwerkszeug, welches für die Ausbildung vorgesehen ist, sein. Voraussetzung hier ist, dass sonst eine Teilnahme an der Maßnahme nicht möglich ist.). Hier ist eine **Dauer von 3 Jahren** vorgesehen für die Förderung.

Auswahlverfahren

Das Auswahlverfahren ist in **drei Stufen** eingeteilt und wird zum größten Teil über **online** abgewickelt. Es sind **jährlich zwei Termine** vorgesehen, bis wann deine Onlinebewerbung eingegangen sein muss. Die jeweiligen Termine kannst du im Internet einsehen unter http://www.begabtenfoerderung.de/Termine.238.0.html.

Ab 2009 enden die Bewerbungsfristen Anfang März und September, wobei du vorher 3 Monate Zeit hast, deinen Online- Fragebogen auszufüllen. Das heißt, du willst dich für März 2009 bewerben, so kannst du ab dem 15. Dezember 2008 bis zum 01. März 2009 deinen Fragebogen abschicken.

Doch schauen wir uns mal das Auswahlverfahren näher an.

Stufe I - Online- Bewerbung

Die **Stufe I** ist die **Online- Bewerbung**. Dazu gibt es einen **Online- Fragebogen** auf der Internetseite **www.begabtenfoerderung.de** über den Button Auswahlverfahren auf der linken Seite. Bevor du aber mit dem Online- Fragebogen beginnst, solltest du diese Unterlagen parat haben, damit du schneller fertig bist:

- ✓ **Persönliche Daten (Geburtsurkunde, Personalausweis)**
- ✓ **Daten zur schulischen Laufbahn (Lebenslauf und Zeugnisse)**
- ✓ **Daten zur beruflichen Laufbahn (Ausbildungszeugnisse, Arbeitsverträge)**
- ✓ **Daten zum Studium (nur falls du bereits eingeschrieben bist)**
- ✓ **Sowie eine Emailadresse, die du regelmäßig abfragst**

Du kannst innerhalb des Fragebogens frei navigieren, also auch mal zurückspringen. Der Nachteil ist aber, du musst bei einem Abbruch alle Daten neu eingeben. Drückst du auf „Senden" so wird der Fragebogen, egal, wie weit du mit der Bearbeitung bist, abgeschickt und nur ein Fragebogen wird gewertet.

Unser Tipp: **Arbeite den Fragebogen in einer ruhigen Stunde durch und schicke ihn dann ab**. Ist der Fragebogen einmal an das Rechenzentrum abgeschickt, so ist er unwiderruflich weg. Änderungen kannst du nicht mehr vornehmen.

In der Online- Bewerbung werden deine **grundlegenden Voraussetzungen** geprüft, dazu gehört
- ➤ **der Nachweis deiner besonderen Leistungsfähigkeit**
- ➤ **und der Berufspraxis**
- ➤ **wie die Angabe deines Studienwunsches**.

In der Regel erhältst du 7 Tage nach Eingang deiner Bewerbung das Ergebnis dieser Prüfung. Bei

125

einer Zusage geht es mit der **Stufe II** des Auswahlverfahrens weiter.

Stufe II – Kompetenz- Check

Hast du die **Zulassung zu Stufe II** erhalten, dann solltest du schnellstens in deinem Emailfach nachsehen, denn dort wartet ein **weiterer Fragebogen** auf dich (von Fachleuten entwickelt).

Diesen Fragebogen, der **„Online- Kompetenz-Check",** musst du **innerhalb von 7 Tagen** (ab dem Tag der Zustellung an dich) ausfüllen und dann normalerweise bis zum **nächstfolgenden Dienstag** abschicken.

Also angenommen du hast am 02. 09. 2008 deine Zusage für Stufe II des Bewerbungsverfahrens erhalten, dann muss der Fragebogen online bis zum 09. 09. 2008 ausgefüllt im Rechenzentrum eingegangen sein. Im Kompetenz-Check beantwortest du **Fragen u.a. zur Leistungsbereitschaft, Ausdauer und sozialen Kompetenz.** Für das Ausfüllen des Online-Fragebogens hast du **maximal 90 Minuten Zeit.** Du hast hier keine freie Navigation zur Verfügung, deshalb musst du den Fragebogen in absoluter Ruhe und als Ganzes bearbeiten. Bist du mit deinem Fragebogen fertig, dann klickst du nur auf „Senden" und der Kompetenz- Check wird zum Rechenzentrum geschickt.

Stufe III – Auswahlgespräch

Zählst du zu den besten Bewerbern oder Bewerberinnen, dann wirst du eine **Einladung zu einem persönlichen Gespräch nach Bonn** erhalten. Die Grundlage des Gesprächs sind deine Antworten aus dem Kompetenz-Check in Stufe II. Ausgewählte Jurorinnen und Juroren aus beruflicher Praxis und Wissenschaft beurteilen dann deine **Leistungsfähigkeit und Leistungsbereitschaft sowie deine Motivation für ein Studium**. Du hast aber auch in diesem Gespräch die Möglichkeit, **deine Gründe, deine beruflichen Interessen und deine Motivation** für das Studium persönlich zu vermitteln. (Je höher deine Motivation für das Studium ist, desto größer die Wahrscheinlichkeit, dass du dein Studium mit dem bestmöglichen Ergebnis schaffst.)

Tipp: Du solltest aufpassen. In diesem Gespräch musst du nicht für dich werben und keiner will wissen, warum ausgerechnet du das Stipendium erhalten solltest. Sondern es geht vor allem um **deine Motivation**. Wenn du für etwas werben willst, dann werbe **für deine beruflichen Pläne, Perspektiven und Träume**. Am besten du probst zu Hause das Gespräch und seine möglichen Entwicklungen mit jemand, der dir auch mal unverblümt die Meinung sagt und sich nicht scheut, dich zu kritisieren. Wenn diese Person noch eine gesunde Portion Skepsis zeigt und du denjenigen von deinen Plänen überzeugen kannst, so hast du eine berechtigte Chance auch glücklich durch die Stufe III zu kommen.

127

Gehörst du zu den glücklichen Bewerbern / Bewerberinnen, die auch Stufe III geschafft haben, dann **gehst du gewisse Verpflichtungen** ein:

➢ **du musst regelmäßig deinen Studienerfolg nachweisen** (durch bestandene Prüfungen, erreichtes Zwischendiplom usw.)
➢ **und dein Studium in der vorgesehenen Regelzeit zu absolvieren**.

Wenn du bis hierher gekommen bist, fragst du dich vielleicht, warum du dich diesem ganzen Stress aussetzen solltest. Wir haben dir **die Vorteile** hier aufgelistet:

➢ **du musst das Stipendium nicht zurückzahlen**, es sei denn du brichst das Studium ab
➢ es ist **altersunabhängig**
➢ das Stipendium ist bei einem **Vollzeitstudium einkommensunabhängig**, das heißt, du kannst nebenbei BAFöG und Studienkredit noch bekommen.

Wir wünschen dir viel Glück bei der Bewerbung.

Förderungen durch die Bundesländer

Wir haben uns natürlich auch umgeschaut, was die einzelnen Bundesländer an Weiterbildungs- förderungen im Programm haben. So hat der Europäische Sozialfond den Bundesländern für die Weiterbildungsförderung finanzielle Mittel zur

Verfügung gestellt. Wir stellen dir die angelaufenen Programme kurz vor:

- ➢ in Nordrhein-Westfalen die Maßnahme **"Bildungsscheck"** (www.mags.nrw.de/), die bis zu 500,- Euro der Weiterbildungskosten übernimmt,

- ➢ In **Niedersachsen** gibt es das Förderprogramm **"IWiN"** (www.iwin-niedersachsen.de/),

- ➢ in Hessen die **"Qu@litätsoffensive"** (www.hessen-weiterbildung.de/qualioffensive.html) und

- ➢ in Schleswig-Holstein das **"Zukunftsprogramm Arbeit"** (www.ib-sh.de/zukunftsprogramm).

- ➢ Außerdem können kleine und mittlere Unternehmen **Bildungszuschüsse in Brandenburg** beantragen. Informationen hierzu finden Sie unter www.lasa-brandenburg.de/.

- ➢ In Sachsen-Anhalt gibt es die Landesinitiative **"Pakte"** (www.sachsen-anhalt.de/LPSA/index.php?id=5275)Förderprogramm).

Kombinationsmöglichkeiten der einzelnen Förderungen

Auch wenn viele Förderungen in den letzten Jahren angehoben wurden, meistens reicht es grade mal so, vorausgesetzt, es wurde eine günstige Wohnung gefunden und die Ansprüche sind sehr niedrig. So bietet es sich an, verschiedene Aus- und Weiterbildungsförderungen zu kombinieren. Dazu gehört auch ein Darlehen bzw. Kredit einer Bank. Du kannst natürlich zu deiner Hausbank gehen und für die Weiterbildung einen Kredit beantragen. Nur die Zinsen sind derart hoch, dass du lieber erst einmal eine Bestandsaufnahme machen solltest, ob sich dieser Schritt wirklich lohnt. In den meisten Fällen ist das nicht so.

1. Kombination: AFBG + Grundsicherung

2. Kombination: AFBG + Arbeitsentgeltzuschuss

3. Kombination: AFBG + Bildungsprämie

4. Kombination: Bildungsgutschein + Grundsicherung + Kredit

5. Kombination: Begabtenförderung + Grundsicherung

6. Kombination: Kredit + Arbeitsentgeltzuschuss

7. Kombination: Kredit + Bildungsprämie

Egal, für welche Kombination du dich entscheidest, ausschlaggebend ist letztlich die Bewilligung durch die Ämter. Das bedeutet auch, es sollte zeitig genug ein Antrag auf die jeweiligen Förderungen gestellt werden.

Wo kannst du welche Finanzierung beantragen?

Die Beantragung der einzelnen Finanzierungen stellt die meisten Personen vor ein Problem. Denn oft genug wissen das Bürgerbüro oder die Agentur für Arbeit nicht, wohin die zukünftigen Antragsteller geschickt werden sollen. Mitunter wird auch einfach gesagt, dass es die Förderung gar nicht gibt. Darum ist es wichtig, dass du dir den korrekten Namen der Förderung einprägst oder im nächsten Abschnitt nachschaust, welches Amt für die einzelnen Finanzierungsprogramme zuständig ist. Wir haben auch Finanzierungen für ein Hochschulstudium mit dazu genommen, falls du dich entschließt, lieber ein Studium zu beginnen.

- BAföG, Bildungskredit und AFBG bei der zuständigen BAföG- Stelle des Landkreises oder der Stadt.

- Grundsicherung bei der Arbeitsgemeinschaft des jeweiligen Stadt oder Gemeinde

- Studienkredit bei der Hausbank

- Studienfonds im Internet unter der jeweiligen Homepage

- Kindergeld, Arbeitsentgeltzuschuss, Bildungsgutschein und Bildungsprämie bei der zuständigen Agentur für Arbeit

- Begabtenförderung bei der Stiftung Begabtenförderungswerk berufliche Bildung im Internet

- Förderungsprogramme der Bundesländer bei der KfW- Bank

Sollte die Auskunft erteilt werden, dass eine der Förderungen die andere ausschließt, dann ist es am besten, du holst dir eine zweite Meinung ein. Also einfach sich beim Studentenwerk oder bei einer Bank umfassend beraten lassen.

Ein heikles Thema: Sexuelle Belästigung und Mobbing

Das ist ein sehr sensibles Thema, was gerne tot geschwiegen wird. Doch es ist eine Tatsache, dass über zwei Drittel aller Frauen und in den letzten Jahren auch zunehmend Männer mindestens einmal sexueller Belästigung oder Mobbing im Beruf ausgesetzt waren. In der Ausbildung liegen diese Zahlen sogar noch höher. Nach oder während einer Weiterbildung nehmen die Fälle mit solchen Delikten ebenfalls zu. Eine ganz schön traurige Bilanz, darum haben wir uns entschlossen, dieses Tabu- Thema zum Abschluss an diesem Buch aufzugreifen und dir Tipps zu geben, woran du sexuelle Belästigung und Mobbing erkennen kannst und wie du damit umgehen solltest.

Mancher unserer Tipps werden dich zum Schmunzeln bringen, denn viele Belästigungen kannst du schon im Vorfeld begegnen, wenn du jemanden mal den Spiegel vorhältst und ihm zeigst, wie es ist, Opfer zu sein.

Woran erkennt man eine sexuelle Belästigung?

Der Grat zwischen einer harmlosen Geste und einer Belästigung ist sehr schmal und wird oft erst im Nachhinein erkannt. Bist du dir unsicher, dann vergleiche erst einmal das Verhalten des Betreffenden, ob er die gleichen Gesten gegenüber anderen anwendet und frage auch nach, ob sich die anderen davon belästigt fühlen.
Erst einmal klipp und klar:

Alles, was dir unangenehm ist, ist nicht in Ordnung und sollte direkt angesprochen werden (wenn es geht, vor anderen).

Reagiert der Betreffende nicht, hast du es mit einer **Belästigung** zu tun.

Dabei solltest du ernst und bestimmt **„nein"** sagen, damit dein Gegenüber es auch klar versteht. Nur weil du Azubi bist, musst du dir nicht alles gefallen lassen.

Doch es **muss klar und eindeutig** sein, dass du diese Art Belästigung nicht wünschst. Ein „Nein" mit einem netten Lächeln oder Kichern zu verpacken,

133

kann vom anderen als ein „vielleicht" oder „ja" gewertet und als Flirt ausgelegt werden.

Die **Kennzeichen** für eine **sexuelle Belästigung** werden wir dir jetzt vorstellen:

➢ **Hinterpfeifen** (nur weil du einen kurzen Rock wegen der Sommerhitze trägst, muss man dir doch nicht hinterher pfeifen)
➢ **Anstarren bestimmter Körperteile** wie Brüste
➢ **Bemerkungen mit sexuellen Inhalt** wie zotige Witze, Sprüche über deine Figur usw.
➢ **Körperliche Berührungen** (Brüste anfassen, in den Po kneifen, usw.)
➢ **Aufdrängen sexueller Handlungen**, das können ungewollte Küsse oder Angrapschen sein
➢ **Unerwünschte Einladungen mit eindeutigen Inhalt**
➢ Das **Zeigen und Anbringen pornografischer Bilder**
➢ **Androhung von Nachteilen bei sexueller Verweigerung**
➢ **Versprechen von Vorteilen bei sexuellem Entgegenkommen**

Wenn du dich nach so einer Aktion gedemütigt, angeekelt, beleidigt oder einfach nur unwohl und belästigt fühlst, dann hast du **verschiedene Möglichkeiten darauf zu reagieren.**

Eins vorab, der Gesetzgeber regelt das sehr eindeutig und vor allem streng, doch eine **Anzeige**

134

bei der Polizei sollte dein letztes Mittel sein. Darum stellen wir dir jetzt einige Möglichkeiten vor, wie du reagieren kannst:

- ➢ **Nimm deine Empfindungen ernst** und werde dir klar, dass es sich um eine Belästigung handelt.

- ➢ **Suche dir Kollegen oder Freunde und rede mit ihnen darüber, was dir missfällt.** Erstens kannst du dir dann sicher sein, ob es sich wirklich um eine Belästigung handelt und zweitens, wenn mehrere Leute sich mit dir zusammen tun, dann ist deine Chance größer, dass der andere dein „Nein" wirklich versteht.

- ➢ Du musst **unmittelbar nach so einem derartigen Vorfall, dieses Verhalten energisch und deutlich zurückweisen**. Nett und freundlich bringt hier nichts, dass kann missverstanden werden. Wenn andere dabeistehen, dann auch **laut genug**, dass es die anderen mitbekommen.

- ➢ **Drohe mit einer Beschwerde an der übergeordneten Stelle und dass du den Vorfall öffentlich machen willst**.

- ➢ Du kannst auch etwas später reagieren, nur dann solltest du der betreffenden Person **schriftlich zu verstehen** geben, welche Konsequenzen eine Wiederholung haben könnte. Dabei bleibe **sachlich** und gehe **detailliert** auf den Vorfall ein. Entweder gibst

135

du den Brief öffentlich vor anderen Kollegen oder du schickst den Brief **per Einschreiben mit Rückschein** zu. Auf alle Fälle solltest du dir eine Kopie behalten.

➤ Fertige **ein Zeitprotokoll** an. Ein Zeitprotokoll beinhaltet, die genauen Übergriffe mit Ort und Zeit sowie eventuellen Zeugen.

➤ Schalte **deinen Chef, die übergeordnete Stelle wie den Personalchef oder den Gleichstellungsbeauftragten** ein. Beschwerden sind von diesen Führungskräften genau zu prüfen und entsprechende Schritte zu unternehmen.

➤ In besonders harten Fällen kannst du mit **Leistungsverweigerung reagieren** und solltest du auf Grund der Vorfälle beispielsweise **gesundheitliche Schäden** (meist psychischer Art) davon tragen oder weil du nicht mehr arbeiten kannst, steht dir ein **Schadensersatz** zu. Vorrausetzung ist, dass dein Arbeitgeber Kenntnis von den Vorkommnissen hat. Hole dir auf alle Fälle **vorher rechtlichen Rat** ein. Ein Rechtsanwalt hat wie ein Arzt eine **Schweigepflicht**, es kommt also nichts, was du nicht willst, aus dem Büro hinaus.

Wir haben dir ein paar **Urteile zu dieser Problematik** zusammengestellt:
- **Urteil 3 Sa 163/06**
„Wer fummelt, fliegt fristlos"

136

- **Urteil 2 AZR 341/03**
  „Außerordentliche Kündigung wegen sexueller Belästigung am Arbeitsplatz"

- **Urteil 7 Sa 508/04**
  „Am Arbeitsplatz: Klaps auf den Po = sexuelle Belästigung"

Artikel zu diesen Themen kannst du hier finden:

- Sexuelle Belästigung am Arbeitsplatz; **monster.de**, 22.10.2007

- Sexuelle Belästigung: "Zur Sache, Schätzchen"; **FOCUS Online**, 02.08.2007

- AGG-Stichwort: Sexuelle Belästigung am Arbeitsplatz; **ver.di b+b**, Februar 2007
- Job & Recht: Sexuelle Belästigung am Arbeitsplatz; **Verlag für die Deutsche Wirtschaft**, 17.01.2007

- Sexuelle Belästigung am Arbeitsplatz: Vorsätzliche Verletzung des "Sicherheitsabstands" kann fristlose Kündigung rechtfertigen; **anwalt24.de**, 13.01.2007

- Wer fummelt, fliegt fristlos; **FOCUS Online**, 04.01.2007

- Praktische Verhaltensregeln zur Bekämpfung von sexueller Belästigung am Arbeitsplatz;

Tätigkeitsbereiche der Europäischen Union, 28.06.2005

- Sexuelle Belästigung am Arbeitsplatz nicht verschweigen; **JOBBER**, 28.04.2003

- Sexuelle Belästigung am Arbeitsplatz; **FrauenNotruf e.V.**

- Sexuelle Belästigung am Arbeitsplatz - immer noch ein Tabuthema? **Jobware**, 15.07.2002

- Sexuelle Belästigung ist Diskriminierung; **3sat.online**, 18.04.2002

Adressen, an welche du dich wenden kannst:

- Mit mir NICHT!
  Bundesministerium für Familie, Senioren, Frauen und Jugend

- Bundesverband Frauenberatungsstellen und Frauennotrufe

- FrauenNotruf e.V. Wuppertal

- Sexuelle Belästigung am Arbeitsplatz; Frauen im Netz

- Bundesminististerium für Familie, Senioren, Frauen und Jugend

- Selbstschutz-Fibel

- Arbeitsrecht online

Tipp: Junge Frauen ergreifen immer häufiger **„Männerberufe"**. Einigen Herren der Schöpfung fällt es mitunter schwer, diesen Einbruch ihre Domäne zu akzeptieren, geschweige denn zu respektieren. So wirst du dich mit frauenfeindlichen Witzen konfrontiert sehen sowie den üblichen Pin up Girls. **Drehe doch den Spieß um**, erzähle ein paar hässliche Witze über dumme Männer und bald dürfte es auch der sturste Kollege verstanden haben - diese Art Witze verbittest du dir.

Tipp: Die nackten **Pin up Girls** in Werkstätten und Umkleidekabinen scheinen ein männliches Muss in einer Werkstatt oder in den Umkleideräumen zu sein. Unser Vorschlag: Hänge deinen eigenen Kalender auf, es gibt wunderbare **Posterkalender mit wirklich tollen Männerbodys** drauf, welche mit den perfekten Maßen diese Herren subtil in die Schranken weisen. Du siehst, es kann auch Spaß machen, anderen einen Spiegel vorzuhalten.

Tipp: Viele Frauen, aber auch immer mehr Männer müssen sich den **Klaps auf den Po** gefallen lassen. Das muss man natürlich nicht! Sehr **wirkungsvoll** kann hier unsere **„Spiegelmethode"** sein. Kehre einfach das Ganze um und kneife mal deinen Peiniger in den Po. Spätestens wenn du fragst, ob demjenigen das gefällt (oder du ein paar andere findest, die da mitmachen), hört er oder sie bestimmt auf.

Tipp: Manchmal kann es ja tatsächlich passieren, dass dich jemand **unabsichtlich intim berührt** oder dich durch Worte verletzt. Das einfachste, um festzustellen, ob das Absicht war oder nicht, ist ein kleines Wort. **„Entschuldigung"** sagt dir jemand nur, wenn er es wirklich nicht wollte.

Schauen wir uns nun das **Mobbing** an.

Mobbing beginnt verdeckt und schleichend. Und grade du als Azubi bist unsicher wie du dich verhalten sollst. Da ist einerseits der Respekt vor dem erfahrenen Kollegen oder Kolleginnen und so mancher Spruch wird zu Anfang gar nicht als Mobbing sichtbar.

Tipp: **Werte nicht alles als Mobbing**, manchmal kann eine Bemerkung aus einem schlechten Tag heraus geboren werden. Das heißt, wir sind alle nur Menschen und haben mal einen schlechten Tag und dann kann es passieren, dass wir etwas sagen, was uns am nächsten Tag leid tut. Das soll nicht so ein Verhalten entschuldigen, aber Verständnis für eine gestresste junge Mutter oder Vater schaffen, wo das Baby grade die Zähne bekommt und an Schlaf nicht zu denken ist.

Fühlst du dich durch eine Bemerkung verletzt, dann warte ab, ob man sich am nächsten Tag bei dir **entschuldigt**. Hören die Beleidigungen nicht auf, dann solltest du dir überlegen, wie du dich verhalten willst.

Wenden wir uns erst einmal den **Ursachen** von Mobbing zu, damit du verstehst, wieso Menschen überhaupt mobben:

➢ **weil sie Angst vor Veränderungen haben,**

➢ **oder weil sie neidisch sind,**

➢ **sie fürchten Konkurrenz,**

➢ **sie suchen und brauchen einen Sündenbock oder Blitzableiter**

➢ **weil sie nicht Fehler zugeben können und dementsprechend nicht kritisiert werden wollen.**

➢ **Wenn sie jemanden nicht leiden können.**

Häufig ist es einfach schwierig, eine Situation als Mobbing zu erkennen, weil alle **Vorgänge viel subtiler und weniger offensichtlich ablaufen.** Hier einige Beispiele, wie sich Mobbing äußern kann:

➢ Es wird hinter deinem Rücken **schlecht über dich gesprochen**.

➢ Du bemerkst **abwertende Blicke oder Gesten**.

➢ **Kontaktverweigerung** ist auch ein Ausdruck des Mobbings, zum Beispiel, wenn man dich wie Luft behandelt oder du grüßt jemanden und dieser grüßt nicht zurück (ehe du hier von Mobbing ausgehst, vergewissere dich, dass der andere nicht schwerhörig ist.)

- **Gerüchte werden verbreitet**, die jeder Grundlage entbehren, besonders schlimm, wenn man dir irgendwelche psychischen Schwierigkeiten oder Abhängigkeiten unterstellt.

- **Falsche oder kränkende Beurteilung deiner Arbeitsleistung** sind ebenfalls Mobbing, wie Kritik an deiner Arbeit beispielsweise durch abwertende Bemerkungen.

- Deine **Äußerungsmöglichkeiten werden ständig eingeschränkt**. Das heißt, du darfst nicht ausreden oder erklären, man fällt dir einfach ins Wort.

- Mobbing ist auch das **Zuteilen sinnloser Aufgaben**. (wie Kaffee kochen, Abwaschen etc., wenn du beispielsweise als Volontär arbeitest).

- Oder du erhältst **keine Arbeitsaufgaben**.

- Wirst du **mit Absicht lächerlich** gemacht, dann ist das auch eine Form von Mobbing.

- Dir wird **das Ansprechen des Kollegen verboten**, der dich mobbt. Mobber schalten auf Durchzug und reagieren nicht auf dich.

- Es gibt aber auch **direkte Formen des Mobbings, wie mündliche Drohungen, offene Kritik an deinem Privatleben oder deiner politischen Einstellung**.

Bisher war es sehr schwierig, Mobbing nachzuweisen. Dazu musste es sich um **systematische Schikanen** über einen längeren Zeitraum handeln. Das hatte zur Folge, dass die gemobbten Personen ernsthaft krank wurden.

Nun ist es mit der Einführung des **Allgemeinen Gleichbehandlungsgesetz** (AGG) vereinfacht worden, sich gegen Mobbing schon zu Anfang zu wehren. Bevor du jedoch einen Anwalt einschaltest, gibt es für dich aber noch **andere Möglichkeiten dich zu wehren**:

➢ Sei einfach stark und wehre dich, **stelle den Mobber vor anderen und konfrontiere ihn** oder sie mit dem, was sie erzählen oder tun.

➢ Betrachte dein **eigenes Verhalten kritisch** und überlege dir, wie du die **Strategie deines Mobbers am Besten unterlaufen kannst**. Das tust du, indem du die ganze Situation analysierst. Arbeite am besten folgende Fragen ab:

- **Wann genau hat das Mobbing begonnen?** Mobbing beginnt schleichend, aber wenn du den ungefähren Zeitpunkt eingrenzen kannst, kannst du auch auf die Angst des Mobbers schließen. Das wiederum bedeutet, du findest den wunden Punkt deines Mobbers.

- **Welche Auslöser gab es vermutlich?** Auslöser für eine Mobbingattacke haben wir dir zu Anfang dieses Abschnittes unter Ursachen genannt. Auch das hilft dir in Zukunft entweder solche Auslöser zu vermeiden oder die Angst des Mobbers einzugrenzen.

- **Unter welchen Mobbingformen leidest du besonders?** Selbst wenn du ein dickes Fell hast, in jeder Lebensgeschichte von uns gibt es wunde Punkte. Leider finden die Mobber relativ schnell diesen Punkt und reiten auf diesem herum. Vielleicht kannst du es nicht ertragen, wenn man dich wie Luft behandelt oder mies über dich redet. Mache dir klar, welche Form des Mobbings dich verletzt.
- **Wer macht bei dem Mobbing mit?** Mobbing kommt von dem Wort Mob = was bedeutet Pöbel oder randalierender Haufen. Das heißt, meistens sind mehrere Personen involviert. Schaue also genau hin, wer alles tuschelt oder dich lächerlich macht, wer dem Wortführer Beifall zollt oder über gemeine Bemerkungen lacht.

- **Bist du wirklich so allein, wie du denkst, oder hast du Verbündete bzw. gibt es noch andere, die ebenso wie du gemobbt werden?** Meistens wirst nicht nur du allein gemobbt, sondern es werden auch andere Personen gemobbt. Oder gibt es jemanden in deinem Umfeld, der trotz des Mobbings nett zu dir ist?

- **Wie könntest du anders reagieren als bisher, wenn so eine Mobbingsituation auftrat?** Hast du bisher immer alles schweigend geduldet, vielleicht solltest du beim nächsten Mal einfach denjenigen darauf offen vor anderen ansprechen. Oder frage einfach mal, wovor er denn solche Angst hat, dass er dich immerzu angreifen muss. Tue das ruhig und sachlich, denn so verblüffst du erst einmal, weil du aus deiner Opferrolle herauskommst.

Zu **Anfang der Mobbingsituation** macht es noch Sinn, den Mobber **ruhig und sachlich zur Rede** zu stellen.

Solltest du nicht allein aus der Situation herausfinden, dann **wende dich an deinen Ausbilder, den Personalchef oder einen Gleichstellungsbeauftragten in deiner Firma**. Weiter kannst du **professionelle Hilfe** suchen. Bei **einem Psychologen oder in Selbsthilfegruppen** werden an Hand von Rollenspielen deine Verhaltensweisen trainiert.

Eins sollte dir klar sein, je länger du das beleidigende Verhalten des anderen hinnimmst, umso schwieriger wird es, aus eigener Kraft aus diesem Teufelskreis heraus zu kommen. Darum empfiehlt es sich rechtzeitig etwas zu unternehmen.

Hier **zehn Tipps** für dich, wie du dich gegen Mobbing oder sexuelle Belästigung wehren kannst:

1. Stelle möglichst sofort klar: **„Damit bist du zu weit gegangen. Das will ich nicht!"** Bei allen Übergriffen gilt nämlich eins, je länger du sie duldest, umso schwieriger wird es diese zu unterbinden.

2. **Wehre dich körperlich, wenn du körperlich angegriffen wirst**, also auch beim Angrapschen. Eine Ohrfeige oder das Wegschlagen eines umarmenden Arms kann mitunter sehr effektvoll sein.

3. Merke dir **folgende Sätze**, sie können sehr **hilfreich** sein.
   „Hören Sie auf!"
   „Ich will das nicht."
   „Stopp! Das lasse ich mir nicht gefallen."
   „Das geht sie nichts an!"
   „Fragen zu meinem Privatleben muss ich Ihnen nicht beantworten."
   „Sie haben grade eine Grenze überschritten. Ich habe keine Angst, Ihr Verhalten öffentlich zu machen."

4. **Selbstbewusstsein ist ein wirksamer Schutz vor irgendwelchen Belästigungen**. Wer selbstbewusst auftritt, wird nachweislich weniger belästigt, denn wenn man Kontra

bekommt, wird das Belästigen langweilig. Selbstbewusst aufzutreten kann man durchaus lernen. In jeder Stadt gibt es dafür Kurse. Hier eine kleine Übung für dich: Fertige doch mal eine Liste an, mit den Eigenschaften, die du als deine Stärken einschätzt.
Stelle dir die Fragen:

Was mag ich an mir?

Was kann ich gut?

Worauf bin ich stolz?

Frage deine Freunde, wie sie dich sehen und was sie meinen, was deine Stärken sind. Schreibe das auf und kopiere diese Liste. Dann hängst du sie dir überall auf, zum Beispiel am Schrank, am Kühlschrank, am Spiegel im Bad. Überall, wo du sie sehen kannst. Und immer wenn du daran vorbei kommst, lies darauf nach. Du wirst merken, nach zwei bis drei Wochen beginnst du dich ganz anders wahrzunehmen und aufzutreten.

5. Auch wenn du nach einer Beleidigung erst einmal Luft holen musst, **laufe nicht weg**. Hole tief Luft, sammle dich kurz und dann verbitte dir dieses Benehmen.

6. Oder du schreibst der Person einen **sachlichen Brief**, benennst den Vorfall und forderst denjenigen auf, in Zukunft so etwas zu unterlassen. Hebe dir unbedingt eine

Kopie auf, <u>nach dem dritten Vorfall</u> <u>spätestens</u> musst du deinem Vorgesetzten nämlich eine Mitteilung über die Vorfälle machen und dann macht sich so ein schriftlicher Beweis recht gut.

7. **Schaffe dir Verbündete**, so kannst du einfacherer diese Machtspielchen ausbremsen. Willst du die Person, die dich belästigt, zur Rede stellen, so ist es vorteilhafter, wenn dir jemand den Rücken stärkt.

8. Schreibe alle Vorkommnisse in einem **Tagebuch** auf. So etwas lässt sich gut als Beweis verwenden und du kannst dir beim Lesen über einige Dinge klar werden. Zum Beispiel, wann hat alles wie angefangen.

9. **Sprich mit anderen Kollegen über die Vorfälle**. Vielleicht haben andere das Gleiche erlebt und können dir helfen, damit umzugehen. Fazit: **Je mehr sich gegen so eine Person zusammentun, umso wirkungsvoller die Abwehr**.

10. **Beschwere dich bei einer Person deines Vertrauens**, nach Möglichkeit sollte sie im Rang höher als die Person sein, die dich beleidigt.

Anmerkung in eigener Sache:

Wir wurden in Leserbriefen darauf aufmerksam gemacht, dass wir nur Internetadressen vorstellen und somit die älteren Leser und Hartz IV – Empfänger benachteiligen würden, die keinen PC haben.

Das stimmt nicht ganz. Wir bemühen uns immer wieder aktuelle Adressen zu finden, doch leider ist es so, dass es kaum Beratungsstellen gibt, die wirklich Einblick in die Details der jeweiligen Gesetzesvorschriften haben.

Wir können nur empfehlen, dass die Anschaffung eines PCs erwogen wird (mittlerweile werden die Kosten für einen PC von den Arbeitsgemein- schaften übernommen, wenn du damit argumentierst, dass du durch die Suche im Internet größere Chancen auf einen Arbeitsplatz hast bzw. PC- Kenntnisse von Vorteil für dich sind bei der Bewerbung. Kaum eine Arbeitsstelle funktioniert heute ohne PC- Kenntnisse. Hast du Kinder in deinem Haushalt ab der 7. Klasse, dann ist es noch einfacherer. Denen steht ein PC für die Schule zu.).

Für alle anderen Leser haben wir mittlerweile einen Beratungsservice eingerichtet. Da die Fragen aus den Leserbriefen zur Verbesserung unserer Bücher führt und von Personengruppen gestellt wird, die auf soziale Leistungen angewiesen sind, ist dieser Service kostenlos. Fragen können an folgende Adresse gerichtet werden:

**Spareulen-Verlag – Beratungsservice
Am Kanal 6
38547 Calberlah**

oder unter

info@spareulen.de

Alles aktuell über Kindergeld & Co

Tricks, Tipps, Formularerklärung, Anlaufstellen

ISBN 978-3-8334-9565-6, Paperback,

152 Seiten, **€ 16,95**

Hier dreht sich alles um die staatlichen Leistungen rund um Familien und Kinder. Genau wird auf jede einzelne Leistung wie Kindergeld, Kinderzuschlag, Elterngeld, Unterhaltsvorschuß, Waisenrente eingegangen und die einzelnen notwendigen Formulare in bewährter Schritt-für-Schritt- Methode leicht und verständlich erklärt.

Kritisch werden mögliche Fallstricke aufgezeigt und eine umfangreiche Sammlung von Tricks und Tipps zu jedem Gebiet, die nicht so bekannt sind, runden das Buch umfassend ab.

Erprobt wurde der Ratgeber mit 98 %igen Erfolg bei mehreren Eltern und volljährigen Kindern rund um Braunschweig und Wolfsburg.

Sabine L. "So einfach war es noch nie gewesen. Vielen Dank, dass wir in der Testgruppe mitmachen durften."

Marion u. Horst Z. "Leicht verständlich und frisch,...so macht Lesen und Formulare ausfüllen Spaß."

Als PDF preiswert für 4,95 € unter www.spareulen.de bestellen.

Inhaltsverzeichnis: